L'entretien ménager

en **10** minutes

Des centaines d'astuces simples pour nettoyer
et ordonner chaque pièce de votre maison –
même quand vous n'en avez pas le temps

Rose R. Kennedy

Traduit de l'anglai[s]
par Renée Thivierg[e]

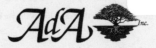

Éditeur : François Doucet
Traduction : Renée Thivierge
Révision linguistique : Hélène Paraire
Correction d'épreuves : Nancy Coulombe, Isabelle Veillette
Mise en page : Sébastien Michaud
Illustration de la couverture : Liz Cornaro
Montage de la couverture : Matthieu Fortin
ISBN 978-2-89565-659-3
Première impression : 2007
Dépôt légal : 2007
Bibliothèque et Archives nationales du Québec
Bibliothèque Nationale du Canada

Éditions AdA Inc.
1385, boul. Lionel-Boulet
Varennes, Québec, Canada, J3X 1P7
Téléphone : 450-929-0296
Télécopieur : 450-929-0220
www.ada-inc.com
info@ada-inc.com

Diffusion
Canada :   Éditions AdA Inc.
France :   D.G. Diffusion
                Z.I. des Bogues
                31750 Escalquens – France
                Téléphone : 05.61.00.09.99
Suisse :   Transat – 23.42.77.40
Belgique :   D.G. Diffusion – 05.61.00.09.99

Imprimé au Canada

Participation de la SODEC. SODEC
Nous reconnaissons l'aide financière du gouvernement du Canada par l'entremise du Programme d'aide au développement de l'industrie de l'édition (PADIÉ) pour nos activités d'édition.
Gouvernement du Québec - Programme de crédit d'impôt pour l'édition de livres - Gestion SODEC.

À ma mère, Joanne Scott Kennedy, qui tout en poursuivant de nombreux projets littéraires et quêtes spirituelles, a toujours créé en sa maison un endroit agréable et propice au recueillement, de la pomme admirative tombée loin de cet arbre.

Table des matières

Comment se servir de ce livre   7

Introduction : Cela ne prend que 10 minutes   11

＊

Première partie : Préparatifs

Chapitre 1   Changez votre mentalité   21

Chapitre 2   Des invités sont en route !   45

＊

Deuxième partie : Nettoyage en profondeur

Chapitre 3   L'entretien des planchers et des tapis   71

Chapitre 4   De sages conseils pour le nettoyage des
                  fenêtres   81

Chapitre 5   La poussière, la moisissure et autres allergènes   95

Chapitre 6   Que la lumière soit (propre) !   111

✳

Troisième partie : De fond en comble

Chapitre 7   Des salons où il fait bon vivre, des salles
                   familliales fonctionnelles   121

Chapitre 8   Une cuisine plus propre   143

Chapitre 9   Une salle de bain sans bactéries   175

Chapitre 10   Une chambre à coucher bien entretenue   199

Chapitre 11   Un bureau à domicile propre et organisé   221

Chapitre 12   Une véranda propre, pour s'y reposer   235

Chapitre 13   Des sorties, des entrées et des couloirs
                    bien rangés   253

Remerciements   265

À propos de l'auteure   267

Comment se servir de ce livre

Les chapitres de ce livre sont répartis en trois volets. « Préparatifs » vous explique comment adopter une mentalité du nettoyage 10 minutes à la fois, et vous suggère des astuces efficaces pour gérer les situations que ceux d'entre nous, dont les maisons ne sont pas tout à fait immaculées, craignent le plus : des invités qui arrivent à l'improviste. Dans la deuxième partie, « Nettoyage en profondeur », vous trouverez des centaines d'astuces pour tout nettoyer : des meilleures techniques pour les planchers et les fenêtres au combat contre la poussière, la moisissure et les autres allergènes. Dans la troisième partie, « De fond en comble », vous trouverez des astuces et des techniques particulièrement utiles pour certaines pièces, que ce soit la cuisine et la salle de bain, ou la véranda et l'entrée.

Dans cet ouvrage, je partage de nombreuses astuces durement acquises, mais je ne suis pas une experte en tout ! Je me suis donc adressée à des gens qui le sont : des « experts au quotidien » constamment aux prises avec différents problèmes de nettoyage, par exemple la propriétaire d'une franchise Merry Maids qui nous parle des meilleurs produits de nettoyage, ou encore, une infirmière qui explique comment désinfecter une salle de bain. Comme moi, vous profiterez de leurs conseils d'experts et vous apprendrez en chemin plusieurs secrets d'initiés !

À l'intérieur de chaque chapitre, recherchez les astuces encadrées. Vous y trouverez des conseils hors pair qui souvent vous surprendront. Voici une vue d'ensemble de ce que vous découvrirez :

Dix minutes de prévention. Chaque fois qu'exécuter un travail de 10 minutes immédiatement vous épargnera des heures de travail plus tard ; examinez les encadrés « 10 minutes de prévention ». Portez-y attention et vous pouvez réduire le temps que vous dépensez à nettoyer à travers toute la maison, des toilettes et des baignoires aux coussins de meubles extérieurs en passant par les mijoteuses.

Nettoyez vert. Les gens économes et les personnes respectueuses de l'environnement apprécieront particulièrement ces astuces variées ; de l'utilisation du vinaigre pour remplacer un agent de rinçage chimique dans le lave-vaisselle, jusqu'au nettoyage de l'évier avec du bicarbonate de soude. Même si vous n'êtes pas du genre à privilégier les étiquettes écologiques, examinez ces astuces — souvent, la voie écologique est aussi la plus efficace, la plus économique et la plus rapide.

Prodiges annuels. Même les gros travaux ménagers, comme ceux que vous trouverez détaillés dans les encadrés « Prodiges annuels » peuvent être répartis en petits projets, beaucoup plus simples, de 10 minutes. Ces astuces vous aideront à compartimenter les tâches les plus impressionnantes et à en venir à bout.

Soyez prudent. « Sécurité avant tout » est une devise pour ce livre et chacun devrait lire les astuces « Soyez prudent » et en tenir compte. Elles vous feront savoir si un produit est potentiellement nuisible pour vous ou pour l'objet que vous nettoyez, quel est le meilleur (ou le pire) nettoyant pour un appareil précis, et même que vous risquez d'écourter de quelques mois la vie de votre aspirateur si vous ne tenez pas compte de certains conseils !

Modifiez vos habitudes. Ces astuces renversent les idées les plus répandues — comme résultat, votre nettoyage se fait plus rapidement. Nos experts au quotidien vous tiendront des propos comme : c'est bien de dissimuler des choses pour paraître ordonné ; il vaut mieux ne pas placer un panier à recyclage pour le papier dans notre bureau à domicile ; c'est une très bonne idée de démarrer le lave-vaisselle en ne le chargeant qu'à moitié.

Produits pour économiser du temps. Qu'il s'agisse d'un dissolvant pour faire disparaître les éraflures, ou de lave-glace acheté dans le département des pièces d'automobiles, vous pouvez vous procurer plusieurs fournitures et outils pendant vos courses quotidiennes. Économisez du temps et obtenez d'excellents résultats !

Introduction

Cela ne prend que 10 minutes

Rédigeant des guides pratiques depuis vingt ans, j'ai écrit des articles inédits sur des sujets comme : « Comment élever un enfant pour qu'il soit poli » ou « Comment faire cuire un bœuf braisé dans la mijoteuse ». Mais jamais auparavant, n'avais-je pu affirmer avec une confiance aussi absolue : « Si cela a fonctionné pour moi, cela fonctionnera pour vous. »

Car même s'il est possible que je dispose d'un léger avantage au sujet d'enfants dociles ou de coupes de viande économiques, lorsqu'il est question de nettoyage, ma maison est certainement l'un de ces cas du « pire des scénarios ».

Nous sommes cinq à habiter une résidence classique de banlieue à deux étages, datant de 1940 — trois adolescentes, moi, et Wade, l'homme de la maison, qui gagne sa vie dans l'entretien salissant des pelouses. Les occupants précédents incluent un saint-bernard, un assistant en archéologie et un poêle à bois, une succession de joueurs de soccer, de mordus des chevaux, de chiens errants turbulents et de collectionneurs de livres moisis. Tous ces habitants ont laissé leurs marques. Nous avons dû faire face à énormément de poussière et de saleté — très incrustée. Ce qui nous manque, c'est du temps : les deux adultes occupent des emplois à plein temps, et les filles sont entraînées dans un tourbillon d'activités parascolaires. Et c'est triste à dire, mais même si j'ai grandi dans une maison si propre qu'on disait qu'on pouvait manger sur le plancher (avec *huit* enfants, dois-je ajouter), je n'ai jamais eu l'envie de consacrer beaucoup de temps au nettoyage. Comme la comédienne Roseanne, j'attends qu'on développe un modèle d'aspirateur sur lequel on peut s'asseoir avant que je m'y mette vraiment. Je suis plutôt de ceux qui espèrent gagner à la loterie pour me payer les services de quelqu'un qui nettoiera la litière du chat, lavera les planchers et enlèvera ces petits papillons morts sur l'ampoule de la véranda.

Jusqu'ici, cela ne s'est pas encore produit. Et j'ai plutôt appris, à travers des décennies d'expérience, à mettre au point des techniques pour nettoyer la maison — 10 minutes à la fois. Je n'ai pas inclus dans ce livre les idées que j'ai été incapable d'appliquer dans ma propre maison, où le contenu du tiroir du bas du réfrigérateur est retenu avec un élastique et où le journal est dispersé à travers six pièces avant la fin de la journée. Vous ne trouverez pas non plus de méthodes intensives de nettoyage entre ces pages — tout ce qui nécessite plus de 10 minutes, je l'ai exclu.

Faites-moi confiance, vous *pouvez* rendre votre maison plus propre et plus belle, en ne travaillant que 10 minutes à la fois. Laissez-moi vous répéter : « Si cela fonctionne pour moi, cela fonctionne pour vous. » Ces astuces vous aideront à maîtriser les petites tâches ; ainsi, elles ne se transformeront pas en gros travaux qui vous donnent envie de prendre le prochain train et faire une demande en divorce sur la route qui vous mène hors de la ville. Et si jamais vous arrivez à trouver le budget nécessaire pour vous payer une aide ménagère, vous pourrez tout simplement prolonger votre sentiment de propreté. Tout outil ou technique décrit dans ce livre est tiré de la vie réelle et testé dans une maison où les gens élèvent la voix et se querellent pour savoir qui sortira les assiettes du lave-vaisselle. Chez nous, presque tout le monde doit quêter, emprunter ou voler pour trouver des chaussettes propres et assorties pour aller à l'école. Je vous comprends absolument ! Donc quand je vous dis qu'il faudra 10 minutes pour traiter les éraflures sur les meubles en bois, et de ne jamais acheter des coussins de siège fixes qu'on ne peut mettre au lavage, vous pouvez me croire. Si vous ne pouvez faire confiance à une femme dans la quarantaine qui se sert encore de M. Bubble au lieu de perles de bain d'aromathérapie parce que M. Bubble ne laisse pas de cernes, à qui pouvez-vous faire confiance ?

Dans les deux premiers chapitres, les conseils « Changer votre mentalité » et « Des invités sont en route » sont directement tirés de mon expérience personnelle. Dans les chapitres suivants, vous pourrez aussi profiter des conseils d'experts « au quotidien » que j'ai eu le privilège de connaître : entre autres, un chef de service d'éclairage dans une quincaillerie de grande surface, qui m'a donné des informations sur la façon de nettoyer les chandeliers, ou un vétéran coach de soccer qui m'a appris comment faire disparaître les marques sur le linoléum.

En alliant nos forces, vous arriverez à comprendre ce qui fait qu'une tâche de 10 minutes est une tâche de 10 minutes, quels sont les produits éprouvés que vous pouvez trouver dans votre grand magasin à rabais favori, ou dans les épiceries, quelles fournitures de nettoyage à la mode sont à la hauteur de la publicité qu'on en fait, et quelles sont les règles de nettoyage connues de longue date qui ne sont que des mythes urbains. Par exemple, qui penserait qu'il ne faut pas laver un mur de haut en bas, ou qu'il vaut mieux ne pas installer une corbeille de recyclage près de l'ordinateur pour y jeter le papier ?

Certaines astuces que j'ai glanées en vivant dans cette maison ne convenaient pas au livre. Ainsi, j'ai évalué que peu de gens avaient besoin de partager mon heureuse révélation que de verser du Fruitopia vert dans une casserole Farberware brûlée — accrochée dans le jardin depuis un mois — nettoierait si bien le résidu qu'il serait ensuite possible d'y faire chauffer encore une fois des SpaghettiOs — même si elle a perdu sa poignée. Tout le monde devrait savoir que le mélange de chlore et d'ammoniaque peut produire des émanations dangereuses, mais je n'ai pas l'impression que tous ont besoin de savoir que Wade, après avoir manqué de communiquer avec la résidente — auteure d'un livre sur le nettoyage —, a passé la vadrouille avec de l'ammoniaque sur le plancher, quelques jours après que j'aie effacé quelques taches avec une lingette imbibée de Chlorox, et ceci, juste quelques heures avant que des membres de la famille arrivent pour que nous covoiturions afin d'aller à la remise de diplôme de mon neveu. Nous étions fort heureux de disposer de ventilateurs, de fenêtres, d'appareils de climatisation, et par politesse, les gens prétendirent qu'ils préféraient bavarder dans l'allée jusqu'à ce que nous partions tous.

Dans chaque ménage, il y a beaucoup de leçons de nettoyage, et je crois que des centaines d'astuces, parmi les meilleures, sont passées de ma maison et de celles de ces experts au quotidien, pour aboutir dans ces pages.

Il ne nous faut parfois qu'une petite poussée pour commencer le processus de nettoyage. Le chapitre 2, « Des invités sont en route », a été inspiré par la panique que nous ressentons tous quand les gens viennent nous rendre visite et, nous le soupçonnons, porteront des jugements sur notre maison. Nous sommes, chez moi, particulièrement coupables d'essayer « d'embellir notre maison » seulement lorsque des gens arrivent. Nous avons blâmé le père de Wade pour notre désarroi pendant toute l'année 2003, parce qu'il avait sauté sa visite annuelle du week-end cette année-là.

Mais il est vraiment agréable de faire un peu de nettoyage supplémentaire juste pour la famille. Offrez-vous du changement — faites disparaître le fixatif du miroir de la salle de bain, nettoyez les armoires de cuisine avec un peu d'eau et de vinaigre ou déposez un bâton de cannelle dans le sac de l'aspirateur pour que tout sente délicieusement bon. Tant de petites tâches de nettoyage rendent les choses un peu plus nettes et la vie un peu plus harmonieuse. Je le sais, parce que je l'ai essayé. Et si cela fonctionne pour moi, cela fonctionnera pour vous aussi.

Rose R. Kennedy

Première partie

Préparatifs

Chapitre 1

Changez votre mentalité

Les vieilles habitudes sont assez intransigeantes. Elles constituent le plus grand obstacle à vaincre quand vous entreprenez de faire le ménage 10 minutes à la fois : je ne parle pas de manies comme de lancer les vêtements sur le plancher de la chambre à coucher, ou de ne pas se préoccuper des chatons sous le sofa. Ces habitudes ne vous aideront pas à prendre de la vitesse quand vous entreprendrez de nettoyer pendant 10 minutes, mais elles ne vous désavantageront pas trop non plus.

Pour réussir à faire le ménage en dix minutes, il faut plutôt se débarrasser de certaines habitudes *mentales*. D'abord, vous devez cesser de faire tellement d'efforts et de viser des standards aussi élevés. Si vous êtes comme moi, vous savez vraiment comment faire un grand ménage : essuyer les plinthes, polir le grille-pain, réorganiser le grenier. Mais quand vous ne pouvez consacrer au ménage que quelques minutes à la fois, il vous faut abandonner l'idée que vous réussirez à réaliser ces gros travaux — ou un nettoyage en profondeur —, et vous concentrer plutôt sur les tâches que vous pouvez exécuter vite et bien.

Dans un autre livre, *Woman's Home Companion Household*, je suis tombée sur un message rassurant : « Il est démodé et inefficace, pour une ménagère, d'entreprendre un grand ménage du printemps, et de soumettre l'ensemble de la maisonnée à un stress injustifié. » Devinez quoi ? Ce livre a été publié en 1948 ! Bien sûr, nous, modernes mortels, tituberions probablement sous le poids de ce qu'ils appellent « grand ménage du printemps », mais le message est là : venez à bout des tâches en les divisant ; il vous faut penser à petite échelle ! Passons maintenant au plus important : voici notre premier principe du ménage en 10 minutes : **N'entamez que les travaux que vous pouvez vraiment réaliser en 10 minutes.**

Les quatre principes du ménage de la maison — 10 minutes à la fois

1. N'entamez que les travaux que vous pouvez vraiment réaliser en 10 minutes (comme ceux que nous vous proposons dans ce livre !).
2. Réjouissez-vous même si la maison tout entière n'est jamais parfaitement propre, comme vous y travaillez à petite dose, les parties de votre maison qui vous importent le plus seront toujours propres.
3. Ne soyez jamais obsédé par des produits de nettoyage spécifiques — travaillez avec ce que vous avez sous la main ou avec ce qui est le plus pratique.
4. Prenez conscience de tout ce que vous pouvez réaliser en 10 minutes.

Fixez-vous des attentes réalistes

La deuxième nouvelle habitude à contracter, c'est de ne pas vous sentir frustré de ne pas en avoir fait plus. Je me souviens qu'il y a plusieurs années, j'occupais un poste très exigeant et je devais souvent apporter du travail à la maison le week-end. Après avoir souffert de la situation quelques dimanches, mon mari a établi une règle : je devais tout terminer le vendredi. Bien qu'il m'a fallu autant de temps pour accomplir le travail, j'ai complètement éliminé les innombrables heures où je m'inquiétais de ne pas avoir fini avant le lundi, attitude qui épuisait non seulement mon énergie, mais aussi celle de toute notre maisonnée.

Ce message s'applique ici aussi. Au lieu de perdre une seule seconde à vous inquiéter au sujet des rideaux que vous avez suspendus sans les presser, ou de prêter l'oreille au chant des sirènes de la moisissure dans le sous-sol, employez tout votre temps disponible à travailler. C'est bien mieux pour votre psyché, et c'est aussi plus productif. Le secret de cette façon de penser ? Au lieu de comparer vos efforts de ménage à ceux de votre amie, qui n'a besoin que de quatre heures de sommeil, ou à un endroit immaculé de votre jeunesse, adoptez le second principe du nettoyage de la maison — 10 minutes à la fois. **Réjouissez-vous même si la maison tout entière n'est jamais parfaitement propre, comme vous y travaillez à petite dose, les parties de votre maison qui vous importent le plus seront toujours propres.**

N'accordez pas trop d'importance à des produits précis
Voici une autre composante essentielle de la mentalité du ménage — 10 minutes à la fois : Gardez en tête qu'il n'existe réellement aucun

produit indispensable. Vous pouvez toujours trouver quelque chose à nettoyer en 10 minutes et un produit pour le nettoyer ; même si vous n'avez à votre disposition qu'un peu d'eau chaude et des serviettes en papier (ou un filtre à café s'il ne vous reste plus de serviettes en papier !). Lorsque vous êtes novice du ménage en 10 minutes, particulièrement, concentrez-vous sur les petits travaux que vous pouvez finaliser avec les produits que vous avez sous la main. Servez-vous, par exemple, d'un morceau de vieille chemise de flanelle pour dépoussiérer le piano, plutôt que de sortir pour acheter un produit spécial pour nettoyer la toilette. Dans certains cas, il vous faudra peut-être chercher un peu plus : si toutes vos éponges sentent la moisissure, faites l'essai d'un tampon fabriqué avec de vieux collants de nylon ; versez du vinaigre blanc sur un linge doux lorsque vous n'avez plus de nettoyant pour les vitres, ou de produit tout usage en vaporisateur.

Aller faire des emplettes pour se procurer de nouveaux produits nettoyants est un obstacle important quand il est question d'entamer un travail — vous vous retrouvez au magasin à chercher une gomme magique, alors que vous devriez être à la maison en train de nettoyer la véranda avec le tuyau d'arrosage, ou vous êtes trop fatigué pour entreprendre le ménage en tant que tel — même pendant 10 minutes —, parce que vous avez dû faire des courses. À mon avis, c'est comme faire une liste. Pour des gens comme moi, le simple fait de noter les tâches à accomplir donne l'impression que vous avez déjà exécuté le travail. Si vous accordez la priorité aux produits qu'il vous faut acheter pour nettoyer, peut-être négligerez-vous le ménage proprement dit.

Il en va de même pour les mélanges maison. Il est tout à fait inutile de préparer un mélange — même s'il est très efficace et sans danger pour l'environnement —, si c'est la seule chose que vous aurez le temps de réaliser. Le même principe s'applique dans le cas d'une excursion au magasin pour acheter de l'huile de teck ou n'importe quel autre produit qui vous manque. Quand vous avez le temps et les ingrédients nécessaires, c'est parfait, choisissez l'écologie. Mais surtout si c'est la première fois que vous essayez cette approche du ménage en 10 minutes, gardez en tête notre troisième principe : **Ne soyez jamais obsédé par des produits de nettoyage spécifiques — travaillez avec ce que vous avez sous la main ou avec ce qui est le plus pratique.**

Bien sûr, certains produits sont indispensables, et ne sont pas que de simples gadgets ; il est clair que vous devez chercher à vous les procurer. Par exemple, un chiffon en microfibres est tout à fait à la hauteur de sa publicité : il est sans danger pour l'environnement, lavable et un véritable aimant pour la poussière. Un peu plus loin dans ce livre, sous le titre : « Produits pour économiser du temps », nous vous parlerons de bien d'autres trucs à la mode. Mais lors de vos efforts initiaux pour faire votre ménage — 10 minutes à la fois, ne vous laissez pas trop influencer par les produits. Vous pourriez être distrait et oublier de réussir d'abord ces 10 premières minutes. Plus tard, quand vous aurez au moins fait l'essai de simples travaux « avec de l'eau et du savon », vous aurez amplement de temps pour vous offrir, disons, une vadrouille sèche Swiffer, ou une grosse boîte de carbonate de sodium Arm & Hammer.

Astuce pour économiser du temps

Pour augmenter vos chances d'avoir le matériel nécessaire sous la main, achetez vos produits ou vos fournitures à l'épicerie ou dans un grand magasin de rabais. Oui, c'est vrai, on vous offrira les modèles les plus courants fabriqués en série, et tout ce qu'il vous faut à partir des aspirateurs à main jusqu'aux têtes de vadrouille. Mais il vous sera plus facile de remplacer, disons, le sac de l'aspirateur, ou d'acheter d'autres serpillettes jetables pour la vadrouille, à l'endroit où vous faites régulièrement vos emplettes. Ainsi, vous aurez probablement déjà terminé vos emplettes de produits lorsque vous ressentirez le besoin soudain d'exécuter quelques tâches de 10 minutes.

Commencez à travailler

Voici une quatrième habitude qu'il vous plaira d'acquérir. C'est aussi la seule qui ne requiert pas de réduire vos attentes. Mais d'abord, laissez-moi vous parler d'un tableau d'affichage électronique sur lequel je suis tombée tandis que je faisais de la recherche sur Internet pour la rédaction de l'un de ces chapitres. Je me suis rapidement rendu compte que les ménagères en ligne n'étaient pas à la recherche de trucs ou de méthodes de nettoyage. Elles débitaient plutôt le nombre de tâches qu'elles avaient accomplies ce jour-là. Certaines d'entre elles (et je n'invente rien) racontaient des trucs comme : « J'ai lavé les fenêtres du sous-sol, j'ai déplacé le réfrigérateur pour passer la vadrouille en dessous, et je planifie de faire tremper les brûleurs de la cuisinière avant le lunch. »

Ouf ! À peine suis-je arrivée à fermer l'écran assez rapidement. Je reconnais que les gens ont le droit d'être obsédés par le travail ménager s'ils le veulent, ou de s'en faire un passe-temps. Mais la méthode du ménage de la maison en 10 minutes à la fois ne s'applique pas à des personnes comme celles-là. J'ai du mal à imaginer que quelqu'un essaie de terminer son ménage pour avoir encore plus de temps pour... plus de ménage.

Je crois plutôt que parce que le temps dont vous disposez pour faire le ménage est limité, il vous faut simplement connaître plus d'astuces. L'objectif de cet ouvrage n'est pas de vous permettre d'acquérir une nouvelle identité en tant que ménagère, ni de faire du nettoyage une compétition. Il s'agit plutôt de vous aider à devenir plus compétent — surtout si vous n'êtes pas né dans une dynastie « on peut manger sur le plancher ». Si vous êtes déjà familiarisé avec la vadrouille et le seau, mais que vous aimeriez découvrir de nouvelles idées — ou vous sentir un peu plus motivé —, nous pourrons alors vous aider à utiliser sagement votre temps en prenant d'ingénieux raccourcis et en concoctant des mélanges robustes. On pourrait penser au slogan des AA « un jour à la fois » : vous ne vous engagez que pour 10 minutes, et puis, si vous en avez envie, vous continuez en entamant une autre tâche de 10 minutes. Et voici l'endroit où vous devez intensifier vos attentes pour adopter le quatrième principe du nettoyage 10 minutes à la fois :

Rendez-vous compte de tout ce que vous *pouvez* accomplir en 10 minutes. Il y a tellement de façons d'utiliser des unités de 10 minutes, comme d'organiser cette pharmacie agaçante dont le contenu bascule chaque fois que vous ouvrez la porte, retourner le matelas, enlever les traces de crayon sur le mur ou nettoyer le chandelier. Ce livre est rempli de centaines d'idées ! Et la beauté de toute cette histoire, c'est que chaque fois que vous disposez de 10 minutes, vous êtes entièrement libre de choisir les tâches que vous voulez réaliser. Bien sûr, il y a des façons bien plus intéressantes d'utiliser votre temps que de simplement suivre les astuces suggérées dans ce livre. Considérez les suggestions suivantes :

Commencez par les tâches que vous pouvez accomplir facilement. Il y a quelques années, une entreprise a dépensé beaucoup d'argent pour me faire participer à un séminaire où il fallait répondre à des questions pour découvrir notre manière de travailler. J'ai été choquée d'apprendre que ma réponse : « Je fais d'abord la chose la plus facile » ne faisait pas de moi une travailleuse efficace. Apparemment, d'après les gestionnaires, on devrait donner la priorité à d'autres critères, comme choisir la tâche la plus urgente. Mais ce n'est pas le cas ici. Si accomplir une tâche et savoir que vous n'aurez plus à y penser vous apporte un sentiment de satisfaction, faites-le d'abord même s'il ne s'agit pas de la tâche la plus essentielle.

Mettez-vous à la tâche. Vous pouvez aussi choisir de passer vos 10 minutes à préparer du matériel pour un autre travail. Mais en règle générale, cela n'en vaut la peine que si votre préparation produit un accessoire dont vous pouvez vous servir au moins trois autres fois. La préparation de lingettes maison en est un bon exemple. Bien sûr, vous pouvez les acheter, mais cette excursion au magasin durera probablement plus de 10 minutes, ou peut-être n'aurez-vous sous la main que celles destinées au polissage de meuble quand il vous faut nettoyer les carreaux, et ainsi de suite. Au lieu de courir acheter un produit, utilisez la valeur de la moitié d'un rouleau d'essuie-tout résistants, comme des Brawny, pliez les feuilles individuelles en quatre, empilez-les dans un contenant de plastique rectangulaire ou carré (comme Gladware), puis versez sur le dessus de la pile 120 ml de produit nettoyant au pin, mélangé à 475 ml d'eau. Et voilà ! Vous disposez maintenant de lingettes dont vous pouvez vous servir dans la salle de bain, sur les comptoirs de cuisine et sur les armoires, ou que vous pouvez garder à portée de la main pour nettoyer les récepteurs de téléphone et les boutons de porte. Dans ce livre, sous le titre « Nettoyez vert », vous trouverez des douzaines d'idées de solutions et d'accessoires faciles à préparer.

Songez à vous préoccuper des petites choses. Une autre possibilité, c'est de vous occuper des petites tâches qui peuvent se transformer en gros travaux si vous attendez pour vous en occuper. C'est
une très bonne stratégie pour ceux d'entre nous qui appartiennent
au type A (eh oui, j'en suis aussi !) et qui ne peuvent supporter de
gaspiller du temps ou de l'argent. Par exemple, faire couler un peu
d'eau froide dans des bols, ou des verres qui ont contenu du lait,
vous évite de devoir les frotter et les faire tremper plus tard — ou
d'attraper inévitablement, celui qui arbore ce cerne révélateur,
chaque fois que prenez un verre. L'utilisation de savons naturels
empêche la formation de cernes intolérables autour de la baignoire
— et vous évitez ainsi de devoir entreprendre un solide blanchiment
à l'eau de Javel, ou des heures de frottage. En fait, si vous voulez
être efficace, assurez-vous de jeter un coup d'œil sur les encadrés
« 10 minutes de prévention » que vous rencontrerez régulièrement
dans ce livre. Elles vous permettront de si bien utiliser votre temps,
que vous pourrez ensuite vous adonner à quelques travaux de plus !

Accomplissez les tâches qui auront le plus d'impact. Pour ceux d'entre nous qui veulent être efficaces, il vous est aussi possible de choisir les tâches de 10 minutes qui auront le plus d'impact. Un bon exemple, c'est de changer le filtre de l'appareil de chauffage central, celui de l'appareil à air conditionné ou du déshumidificateur. Il y aura ainsi moins de poussière et de saleté qui s'accumuleront dans la maison, ce qui a pour effet d'éliminer plusieurs travaux de nettoyage et d'époussetage.

Plusieurs de ces tâches « qui ont le plus d'impact » dépendent de vous et de votre maison. Chez moi, par exemple, tout temps et argent consacrés à empêcher les chats d'arroser a prouvé être lucratif : cela réduit les incidences de plantes renversées, les nettoyages de tapis et les interminables corvées de lessive. Les animaux en sont aussi plus heureux. Mais cela signifie qu'il me faut acheter un produit qui s'appelle Feliway, au coût de 38 $; ce produit ressemble à un diffuseur électrique, et fonctionne de la même manière, mais il utilise plutôt des éléments chimiques qui réussissent à tromper mes chats et à leur faire croire qu'ils ont déjà arrosé ! Coûteux oui. Mais il s'installe en une minute, et il permet d'éviter au moins deux ou trois heures de travail quand les chats sont stressés. C'est donc, d'après moi, un excellent placement. Je suis certaine que vous pouvez penser à des situations semblables dans votre propre maison ; comme avoir de la vaisselle et un réfrigérateur propre pour ne pas être obligé de manger aussi souvent à l'extérieur, ramasser le désordre dans la chambre des enfants pour qu'ils puissent recevoir des visiteurs, ou ranger convenablement le bureau à domicile pour ne pas devoir payer quelqu'un d'autre pour trouver nos dossiers et préparer notre déclaration fiscale. Généralement, si vous vous sentez indécis et si vous vous demandez par où commencer avec vos tâches de nettoyage de 10 minutes, choisissez-en une qui aura de l'impact.

Rangez stratégiquement. Si vous êtes de ceux pour qui la propreté consiste en ce que les choses aient une apparence ordonnée sans toutefois vous préoccuper de leur propreté, il vous suffit de nettoyer immédiatement l'objet qui donnera une impression d'organisation. Dans le salon, une personne comme vous devrait démarrer par le sofa : il s'agit de ramasser les miettes avec un aspirateur à main, de tapoter les coussins, et de plier les jetés. Dans la chambre à coucher, passez vos 10 minutes à arranger le lit. Dans une zone où l'on mange, vous voudrez probablement nettoyer la surface où l'on dépose la nourriture, et peut-être y placer une jolie nappe.

Évaluez les services pour lesquels vous aimeriez payer. Voilà, je l'ai dit. Il est parfaitement raisonnable de vouloir embaucher quelqu'un d'autre pour nettoyer votre maison. Mais vous savez quoi ? Il vous restera encore des trucs à faire vous-même. Et il y aura toujours quelques tâches pour lesquelles vous serez trop embarrassé pour les confier à une personne que vous embauchez. (Je pense à ma sœur Cathy, au moment où elle était ingénieure à Salt Lake City, au Utah, elle me disait avec désinvolture qu'elle devait cesser de me parler au téléphone pour pouvoir « nettoyer » avant l'arrivée de la femme de ménage !) Il existe aussi quelques tâches que vous ne déléagueriez pas à d'autres, comme épousseter votre précieuse collection de figurines de jade de la Chine préhistorique. Donc, si vous songez à embaucher quelqu'un, choisissez vos tâches de 10 minutes en fonction de ce que vous n'aimez pas faire, mais que vous pourriez confier à quelqu'un d'autre que vous paierez. Assurez-vous tout de même que la maison soit assez ordonnée pour qu'un service de nettoyage puisse procéder à un nettoyage en profondeur. Si vous êtes d'accord pour effectuer vous-même certains travaux, vous aurez plus de choix lorsque viendra le moment d'engager de l'aide supplémentaire — expliquez-leur, par exemple, que c'est avec plaisir que vous vous occuperez de passer l'aspirateur et de faire l'époussetage, mais que vous aimeriez qu'ils portent plus d'attention au nettoyage de la douche ou des comptoirs.

Choisissez ce qui est important pour vous. Une autre de mes amies s'est fait critiquer par sa mère parce qu'elle avait pris le temps d'attacher les feuilles fanées de ses jonquilles (un truc qu'elle a emprunté, je crois, de Martha Stewart), alors que la salle de jeux de ses trois enfants était un véritable fouillis, et qu'elle n'avait pas encore eu le temps de plier sa lessive. Mais vous savez quoi ? Il y aura toujours des tâches en retard et vous ne cesserez jamais de travailler. Alors si vous avez vraiment envie de vous adonner à une tâche précise et que vous en tirez de la satisfaction, peu importe si ce n'est pas celle qu'une autre personne choisirait dans votre situation. Par exemple, si vous voulez passer votre temps à épousseter vos lampes, et ne pas tenir compte de la vaisselle accumulée dans l'évier, c'est votre choix.

Laissez la destinée vous dicter vos tâches. Voici une exception à la règle selon laquelle vous devriez choisir les tâches que vous désirez accomplir en toute liberté : ne vous tracassez pas, je répète, *ne vous tracassez pas* pour exécuter une tâche dans l'immédiat s'il est plus simple de la remettre à plus tard. On peut penser, par exemple, au lavage des moustiquaires. Remettez cette tâche à plus tard si vous êtes incapable de l'exécuter à l'extérieur confortablement — rincer les moustiquaires dans la baignoire ne fait pas vraiment un bon travail, et vous créez d'autres problèmes comme des planchers mouillés, des serviettes sales, et des traces de mains crasseuses sur les murs. Vous comprenez. D'autres tâches sont à éviter : par exemple, nettoyer le four le jour pendant qu'il y a du monde à la maison, laver les fenêtres un jour ensoleillé, et dégivrer le réfrigérateur quand il fait chaud à l'extérieur.

Faites la sourde oreille aux distractions. Tandis que vous faites le ménage, vous aurez peut-être envie, naturellement, de jeter des choses inutiles, ou de ramasser et de réorganiser des objets au fur et à mesure que vous les rencontrez. Résistez à la tentation. Vous ne pouvez accomplir une tâche en 10 minutes en même temps que vous essayez de désencombrer et de nettoyer en profondeur. Suivez plutôt ces règles :

- Si un coin est encombré, ramassez d'abord les objets, puis nettoyez s'il vous reste du temps. Autrement, il vous faudra une éternité pour épousseter ou pour passer l'aspirateur ; étant donné que vous passez votre temps à déplacer des trucs d'un côté à l'autre, ou que vous essayez de trouver des endroits pour les ranger.
- Déposez tous les articles qui ne sont pas à leur place dans une boîte ou dans un sac, dans le but de les remettre à leur place une autre fois, ou à la fin de la tâche si vous avez le temps. Faire l'aller-retour pour ranger les objets trouvés vous fera perdre beaucoup de temps.
- S'il ne s'agit que d'un ménage rapide, ne déplacez pas les meubles pour passer l'aspirateur derrière, ou ne tirez pas les coussins pour passer l'aspirateur en dessous.

- Divisez le désencombrement et le nettoyage en deux tâches distinctes — n'interrompez pas votre travail pour jeter les magazines non désirés, quand votre objectif est de ranger la table à café, par exemple.
- N'arrêtez pas le ménage de votre bureau pour commencer à payer vos factures.
- N'arrosez pas les plantes lorsque vous êtes en train de faire le ménage d'une pièce.
- Si c'est possible, ne répondez pas au téléphone pendant que vous faites le ménage, surtout s'il s'agit de travaux de 10 minutes.
- N'entreprenez jamais une nouvelle tâche au beau milieu d'une autre. Vous serez étonné de constater la rapidité avec laquelle vous pouvez terminer un travail une fois que vous avez commencé — et en contraste, du temps qu'il faut pour vous remettre au rythme si vous faites une pause.

Créer du temps pour nettoyer

Nous avons parfois l'impression qu'il nous est impossible de trouver même seulement 10 minutes pour faire le ménage. Mais même dans le monde super occupé et super stressé d'aujourd'hui, c'est une fausse impression. Voici des moyens de tirer le maximum de votre temps de nettoyage en usant de créativité. Vous pouvez y arriver !

Feuilletez ce livre au lieu des catalogues de commandes postales. Si vous êtes friand de magazines de luxe rempli de trucs que vous ne pouvez de toute façon vous payer et qui de ne feront qu'encombrer votre maison, prenez plutôt l'habitude de vous détendre en feuilletant *L'entretien ménager en 10 minutes*. Marquez d'un papillon adhésif les trucs que vous pouvez essayer la prochaine fois que vous disposerez de 10 minutes.

Réglez-vous au rythme de la musique. Si vous aimez écouter de la musique pendant que vous travaillez, gravez un CD qui regroupe des ensembles de chansons pour des périodes de 10 minutes. Quand un des 10 minutes se termine, passez à une autre tâche ou arrêtez.

Faites l'essai des appels téléphoniques de 10 minutes.
Accomplissez deux choses en même temps en appelant des amis avec lesquels vous avez peu de temps pour rester en contact, et entreprenez une conversation de 10 minutes. Bien sûr, étant donné que vous vous êtes offert un téléphone mains libres, vous pourrez nettoyer en même temps. Si vous êtes futé, vous installerez un chronomètre de cuisine, ou encore, vous direz à votre ami d'exécuter lui aussi des tâches de 10 minutes.

Photocopiez des tâches pour la famille. Si les membres de la famille sont capables de lire, il leur plaira sans doute de participer. Je ne suggère pas que votre fils de onze ans lise ce livre, mais vous pouvez choisir dix ou vingt astuces qui fonctionneraient dans votre maison, et les photocopier. Découpez-les en bandes et conservez-les dans un pot à tâches auquel tout le monde a accès. Vous pouvez aussi remettre un pot à chaque personne, en vous assurant que les tâches que vous y avez mises correspondent à son âge et à ses intérêts.

Visez un objectif : 10 minutes de travail égalent 10 minutes de récompense. Que vous tentiez de vous motiver vous-même ou certains membres de la famille qui sont peu enthousiastes, proposez des récompenses pour chaque 10 minutes de travail. Chez moi, la récompense pour les 10 premières minutes de nettoyage de la journée réside dans la satisfaction du travail accompli. Pour motiver les enfants, vous pouvez prévoir un échange de 10 minutes de ménage contre 10 minutes de jeu vidéo, ou retarder l'heure du coucher de 10 minutes. Dans les cas où une tâche est effectuée avant l'arrivée d'invités, ou avant 9 heures du matin — si vous avez de la difficulté à faire lever la famille le week-end —, songez à offrir une double récompense. Pour les garçons, une offre de jeux vidéo ou 10 minutes supplémentaires de grasse matinée peuvent être très efficaces. Si vous êtes la mère et que vous devez livrer les récompenses, assurez-vous que votre propre récompense sera quelque chose de présenté ou d'exécuté par quelqu'un d'autre : une pédicure de 10 minutes pour chaque ensemble de 10 tâches, par exemple, ou 10 minutes avec un café au lait et un livre samedi matin prochain.

Laissez tout tomber, et nettoyez. J'ai été fort impressionnée par l'école intermédiaire publique qu'ont fréquentée ma fille et ma belle-fille l'an dernier. Cette école de plus d'un millier d'élèves insistait pour que chaque élève ait à la portée de la main de la lecture de loisir. Puis, au hasard, mais au moins une fois par semaine, toute l'école « laissait tout tomber et lisait » pendant 15 à 20 minutes. Cette même approche vaut pour les maisons au rythme mouvementé. À un moment donné, quand la plupart des membres de la famille sont à la maison, insistez pour « tout laisser tomber et nettoyer », mais seulement pendant 10 minutes ! Bien sûr, ne faites pas cette suggestion pendant les derniers épisodes de votre feuilleton télévisé favori. Insistez tout de même pour que tout le monde y participe, même ceux qui doivent rendre un travail scolaire le jour suivant, ou votre mari qui essaie de s'esquiver furtivement avec ses mots croisés.

À l'occasion, concluez la séance avec, disons, du yogourt glacé ou un excellent film vidéo, mais organisez-vous pour que tout aussi souvent, le ménage fasse simplement partie des responsabilités quotidiennes. Non seulement vous multiplierez votre efficacité par le nombre de membres dans votre maisonnée, mais vous pourrez démontrer à tout le monde (incluant vous-même) tout ce que vous pouvez réaliser en 10 minutes !

Vous êtes prêt ? Tournez la page pour découvrir la façon de nettoyer votre maison — 10 minutes à la fois !

Chapitre 2

Des invités sont en route

Ne paniquez pas ! Il peut être stressant de recevoir des invités, surtout s'ils s'annoncent à la dernière minute, ou si vous n'avez tout simplement pas trouvé de temps pour préparer la maison. Pour vous assurer que vous passerez un bon moment avec eux, tirez le maximum de votre temps de préparation. Quand toute la maison est sale, donnez priorité aux moyens à prendre pour l'améliorer — ou du moins, pour la faire *paraître* mieux — avant l'arrivée des invités. Continuez votre lecture pour découvrir comment rendre votre maison accueillante, 10 minutes à la fois.

Des visiteurs arrivent sans s'annoncer ? Adoptez une philosophie inspirée des Écossais. Une très bonne amie à moi, Susan Crawford, qui habite ici à Knoxville, au Tennessee, a récemment fait un voyage prolongé en Écosse, la terre natale de son époux. Dans ce pays, les amis et les parents partageaient un mot d'ordre qui lui plaît beaucoup au sujet des visiteurs : « Si vous venez me voir, passez n'importe quand. Si vous venez voir la maison, prenez un rendez-vous. » Si vous en avez envie, brodez cette consigne sur un oreiller ! Mais à tout le moins, faites-en votre devise et communiquez-la à la famille et aux amis intimes, ils sauront ainsi à quoi s'attendre quand ils viendront chez vous. Cette attitude vous permettra de relaxer lorsque vous devrez répondre à des invités inattendus ; ainsi, quand vous savez que quelqu'un arrive et que la maison n'est ni propre ni invitante, encouragez-vous en pensant que vous privilégiez ce qui est vraiment important : du temps avec des amis.

Faites d'abord la visite de votre propre maison. Susan Castle, la femme de mon beau-frère, est une femme organisée et inspirante qui habite à Chattanooga, au Tennessee. Elle possède une longue expérience des invités qui arrivent à l'improviste ; particulièrement, les clients potentiels de l'une ou l'autre des trois franchises de BodyLight (entreprise spécialisée dans la perte de poids, de Los Angeles), dont elle est copropriétaire et gestionnaire avec son mari, Rick Castle. « De temps en temps, je m'assois dans la salle de réception du magasin et je fais semblant d'être une invitée et je me demande : "Qu'est-ce que je vois ?", dit-elle. J'agis de la même façon dans ma maison, et c'est un bon moyen de m'apercevoir que cette pile de papiers dans le coin est affreuse, ou de remarquer qu'il y a des poils de chien sur les coussins, ce qui pourrait incommoder une personne allergique. »

Épargnez-vous les serviettes et le savon d'invités. Ne perdez pas un instant de votre précieux temps à fournir aux invités des essuie-mains gaufrés ou des savons de fantaisie — personne ne les utilisera, et il vous serait bien plus utile de vous assurer que les serviettes et les savons réservés à la famille sont en bon état ; les gens les prendront immanquablement pour se laver et se sécher les mains.

Attention aux voyageurs fatigués. Plusieurs parents de Susan Castle habitent à une distance de quelques heures de voiture, et c'est elle qui joue fréquemment le rôle d'hôtesse quand ils se retrouvent. Elle me dit qu'on doit éviter un double piège lorsque les invités arrivent en voiture : « Ne dissimulez pas le bric-à-brac en trop dans la chambre d'invités ; immanquablement, quelqu'un vous arrive en disant : "Je ne me sens pas très bien après le voyage en voiture. Puis-je m'étendre un peu ?" » Tout aussi essentiel, assurez-vous d'avoir un lit avec un oreiller propre pour les voyageurs fatigués, particulièrement s'il y a des enfants dans le groupe.

Modifiez vos habitudes
✓ Invitez des gens chez vous aussi souvent que vous le pouvez. Il peut vous sembler qu'en recevant souvent vous devrez faire encore plus de ménage ; vous finirez en fait par ménager du temps. Ainsi, il est probable que vous vous occuperez des petites tâches plus fréquemment — comme d'essuyer la toilette ou voir à ce que les verres soient très propres. C'est toujours plus facile que d'attendre que les petits travaux soient devenus grands et d'essayer de vous attaquer, en une heure, à un four à micro-ondes crouteux, ou à une baignoire crasseuse

avant que votre patron et sa femme n'apparaissent dans l'allée. De plus, vous saurez rapidement quelles sont les personnes qui se sentent parfaitement à l'aise d'être reçues dans le style familial légèrement désordonné de votre maison, il n'est pas nécessaire de créer d'énormes attentes (et d'énormes tâches de nettoyage) pour une soirée, une fois par année.

✔ **Cessez de travailler une demi-heure avant l'arrivée des invités.** Même si vous n'avez pas terminé, interrompez votre ménage une demi-heure avant l'heure prévue de l'arrivée des invités. Ainsi, vous aurez le temps de prendre une douche — et l'odeur révélatrice du Pine-Sol aura eu le temps de se dissiper un peu. Plus important encore : tante Edna ne vous surprendra pas avec une vadrouille sèche si elle se pointe 10 minutes avant l'heure ! Vous ne voulez pas non plus laisser sans surveillance les invités (qui se dirigeront directement à l'endroit où vous avez empilé toutes ces bottes boueuses) pendant que vous tentez de vous adapter à votre rôle d'« hôtesse ».

✔ **Ne vous inquiétez pas de la « première impression » que donne la véranda ou le vestibule.** C'est un bon conseil en tout temps, mais surtout si les invités arrivent après la tombée du jour. Étant donné votre horaire serré, ne passez pas beaucoup de temps dans les endroits où vous et vos invités ne ferez que passer rapidement. Concentrez plutôt vos efforts sur la pièce où ils passeront la plus grande partie de leur visite.

Ne vous faites pas d'illusion à propos de la cuisine. Vous pouvez épousseter et polir la table de la salle à manger et y disposer généreusement votre porcelaine, ou passer l'aspirateur sur les rideaux et les coussins du sofa, mais ne vous faites pas d'illusion en croyant que vos invités y demeureront docilement tandis que vous cuisinez et faites le service à partir d'une cuisine incroyablement négligée. La plupart des invités qui méritent qu'on les reçoive auront envie de vous accompagner dans la cuisine, pour vous offrir de l'aide ou pour bavarder avec vous pendant que vous travaillez ; n'y dissimulez pas des masses de jouets d'enfants, et ne négligez pas de laver le plancher. Assurez-vous d'avoir une chaise ou deux de plus dans la cuisine, et des petits travaux à faire exécuter par tous ceux qui veulent s'y attarder avec vous — ils seront trop occupés à couper le persil ou à laver les verres à pied pour se préoccuper de la saleté sur les portes d'armoires !

Gardez les gens dans les espaces propres. Dans le même ordre d'idées, ne supposez pas que les invités passeront leur temps dans les endroits de la maison les plus attrayants et les plus propres, simplement parce que c'est ce que vous souhaitez. Invariablement, ils gravitent vers les endroits où il y a du désordre, et je sais que dans ma maison, leur attrait pour la salle de bain du chat est presque palpable. Même si j'ai passé 20 minutes à faire briller et à parfumer la salle de bain du rez-de-chaussée, beaucoup plus pratique, il y a toujours quelqu'un qui choisira la salle de bain où se trouve le bac du chat. Il est certain que le chat l'a utilisé quatre ou cinq minutes après que j'y aie versé la nouvelle litière. Si vous vous sentez à l'aise avec vous-même et avec votre maison, vous pouvez, bien sûr, demander aux invités de demeurer dans des zones désignées, leur disant que les autres pièces sont vraiment en désordre.

Servez-vous de séduction pour attirer les gens vers les pièces qui sont propres. Pour appuyer cette requête, ou au lieu de la faire, vous pouvez prendre d'autres mesures. Lorsqu'il fait très chaud ou très froid, arrangez-vous pour que la pièce où vous voulez que se rassemblent les gens soit la plus fraîche ou la plus chaude, selon le cas. Allumez un beau feu de foyer ou faites brûler de grosses bougies parfumées au pin sur le foyer, et vous verrez que les invités y seront attirés comme des papillons de nuit. Déposez les boissons ou les collations dans la pièce où vous voulez réunir vos invités, même si vous devez apporter un refroidisseur ou franchir trois pièces à partir de la cuisine pour y arriver. N'oubliez pas que, même si vous n'avez nettoyé qu'une pièce, il vous en faudra peut-être deux pour les couples en train de se disputer, et qui veulent prendre une pause, pour les mères qui allaitent, ou pour les gars qui veulent regarder le match télévisé pendant que les autres jouent aux charades. Faites de votre mieux, et assurez-vous de désigner une pièce que pourront occuper ceux qui ont besoin d'un répit. Ce devrait être la chambre la moins attirante (par exemple, si quelqu'un veut absolument regarder le match, il y a un téléviseur dans l'atelier frisquet de Wade à l'extérieur).

Respirez par le nez. Si vous passez beaucoup de temps dans votre maison, vous êtes peut-être tellement habitué aux odeurs des animaux de compagnie, de la moisissure, ou aux senteurs de la cuisine, que vous ne les remarquez même plus. Avant l'arrivée d'invités, promenez-vous quelques minutes à l'extérieur, puis rentrez et respirez profondément (ou demandez à quelqu'un de plus objectif de le faire à votre place). Puis, au besoin, attaquez-vous aux odeurs — ouvrez les fenêtres, faites tourner les ventilateurs, sortez les ordures, nettoyez la grille à débris de l'évier, installez de petits bols de vinaigre pour absorber l'odeur de moisi, vaporisez un produit antibactérien légèrement parfumé (lin, lessive fraîche) dans la salle de bain. Finalement, si vous êtes certain qu'aucun de vos invités n'est allergique au parfum, allumez quelques bougies parfumées, comme de la vanille et de la cannelle, dans les pièces où vous passerez beaucoup de temps.

Faites cuire des pains ou des biscuits. Si vous possédez un robot-boulanger rarement utilisé, ce serait une occasion extraordinaire pour le dépoussiérer et le faire revivre, une ou deux heures avant l'arrivée des invités. L'odeur du pain est terriblement alléchante et accueillante, et elle distraira les invités des autres odeurs ou du désordre de la maison. Si vous n'avez pas de robot-boulanger, essayez d'avoir sous la main quelques sacs de pâte à pain congelée. Si vous pouvez vous en souvenir, faites-en dégeler un le matin pour qu'il soit en train de cuire le soir au moment de l'arrivée des invités. Une autre solution extraordinaire (si ce n'est pas une trop grande tentation pour vous !) : ayez sous la main un paquet de pâte congelée, prête à cuire, pour faire des biscuits maison aux brisures de chocolat. Vous pouvez en glisser un paquet dans le four, même avec un avis de seulement quelques minutes ; la plupart des invités seront trop heureux de respirer l'arôme du chocolat fondant et de déguster, ensuite, des biscuits chauds sans s'inquiéter de savoir s'il y a un cerne dans la baignoire, ou un centimètre de poussière sur le téléviseur.

Déposez un bâton de cannelle dans le sac de l'aspirateur avant de traverser les pièces à toute vitesse. Ainsi, vos invités humeront des odeurs de biscuits, plutôt que l'air de renfermé expulsé par l'aspirateur.

10 minutes de prévention

Faites l'essai d'un éclairage tamisé. Dans les entrées, il y a souvent des lumières crues qui montrent toutes les toiles d'araignée et les marques de crayon sur le mur. Même si une lumière forte dans le salon est idéale pour la lecture, celle-ci permet aussi de voir la poussière. Avant l'arrivée des invités, songez à remplacer quelques ampoules blanches, dans ces zones, par un éclairage plus doux — rose ou pêche par exemple, ou la chaleureuse (et clémente) lumière d'une ampoule ambre. Un variateur de courant est aussi une idée extraordinaire, ou des bougies pour la table de la salle à manger — mais vous risquez également d'obtenir l'effet inverse de ce que vous espérez ; demandez-vous, à l'avance, s'il se peut que quelqu'un (ne se rendant pas compte de votre tentative de camoufler le désordre et la poussière) exige plus de lumière pour lire ou pour manger. Je suis certaine que mon père agirait ainsi ; il y a aussi les végétariens et les mangeurs difficiles à satisfaire qui peuvent exiger de voir clairement ce qu'ils mangent.

Produits pour économiser du temps

Je sais, je sais. Si vous aviez le temps de garder toutes ces choses en stock, vous auriez probablement suffisamment de temps pour que la maison soit parfaitement propre avant l'arrivée d'invités. En vérité, si vous pouvez garder quelques-uns de ces trucs sous la main, vous maîtriserez la situation lorsque des invités se présentent :

- **Un bac à litière jetable.** Si vous avez des chats, voilà une idée pratique : dans la plupart des boutiques pour animaux de compagnies ou magasins de rabais, on vend ces petits bacs à usage unique, très utiles quand vous ignorez quelles odeurs vous accueilleront à la maison au retour du travail — avec des invités qui arrivent pour le souper une demi-heure après votre arrivée. Au lieu de penser à changer et à nettoyer le bac permanent, enlevez-le vivement et déposez-le dans la cour arrière. Installez ensuite la boîte invitante à un seul usage. Si vous n'avez pas trouvé où en acheter, songez à passer 10 minutes à fabriquer votre propre bac, avec un plateau d'aluminium pour le four, où vous aurez versé un peu de litière, couvrez le tout d'un plastique transparent et mettez-le de côté pour les mauvais jours.

- **Sacs ou filtres d'aspirateur supplémentaires.** Lorsque vous attendez des invités incessamment, et que vous n'avez pas sous la main le bon produit nettoyant ou vaporisateur pour enlever la poussière, vous pouvez toujours esquiver le problème ; mais il n'est pas aussi évident que vous puissiez vous dispenser de passer l'aspirateur. Si vous le pouvez, gardez sous la main, juste pour les urgences, un sac supplémentaire que vous rangez dans un endroit spécial. Pour les modèles sans sac, assurez-vous d'acheter un filtre supplémentaire. Quand le filtre est sale, vous ne faites que renvoyer la poussière dans l'air plutôt que de rendre les choses plus propres.

- **Des nappes de tissu propres.** Fouillez les ventes de linges de maison et eBay pour une collection de nappes de coton bien assorties à votre décor, ou unies, et gardez-en une pile fraîchement lavée. Ainsi, en un instant, vous pouvez en jeter une sur une table collante ou sur un sofa couvert de poils de chien, ou vous en servir pour dissimuler la montagne d'objets dont vous n'avez pas eu le temps de vous débarrasser avant l'arrivée des gens.

✓ **Des paniers remplis de serviettes pour les invités d'une nuit.** C'est beaucoup plus une question d'argent que de temps, mais cette solution vaut son pesant d'or. Si des membres de votre famille ou des amis en voyage sont sujets à faire un saut chez vous pour quelques nuits sans vous avertir de leur arrivée imminente — ou à très peu d'avis —, achetez et lavez deux ou trois serviettes de bain, essuie-main et gants de toilette supplémentaires ; roulez-les et déposez-les dans un panier (même un panier à lessive), ajoutez un rouleau de papier hygiénique, une paire de taies d'oreiller propres, et un joli pain de savon neuf. La prochaine fois que quelqu'un arrivera, vous serez prêt !

Donnez la priorité à la nourriture ou aux jeux. Mon ex-mari avait l'habitude de hocher la tête quand je mettais les bouchées doubles pour faire le ménage des heures avant l'arrivée des invités pour une fête. « Si la nourriture est bonne, personne ne fera attention à l'apparence de la maison », me disait-il, et je suis surprise de voir à quel point cette philosophie s'est avérée être exacte. Étant donné que vous disposez de peu de temps, employez votre énergie à préparer des hors-d'œuvre ou d'autres aliments que les gens aiment vraiment. Vous les accompagnerez d'un excellent verre de vin ou d'une boisson spéciale. Oubliez l'idée que votre maison doive être parfaite, ou même au-dessus de la moyenne. Si par contre vous n'êtes pas très habile pour servir de la nourriture, assurez-vous de planifier une activité — par exemple, plusieurs albums photo prêts à être feuilletés, ou un jeu de Scrabble placé sur un plateau tournant. Ou les deux. Les invités auront envie de s'adonner à une activité amusante, et ils apprécieront l'attention que vous portez pour répondre à leurs besoins. Malgré la poussière et les éraflures sur le plancher, les invités auront du bon temps ; sauf, bien entendu, les maniaques de la propreté. (Souvenez-vous de ne pas continuer à inviter des gens qui sont plus préoccupés par la propreté de la maison que par la compagnie, les distractions ou les hors-d'œuvre.)

Compte à rebours pour le ménage. Quand on a des invités, on dirait qu'il n'y a jamais assez de temps pour se préparer, mais il y a différents degrés d'urgence dans « être pressé par le temps ». Selon que

vous ayez attendu à la dernière minute pour commencer vos préparatifs, ou que l'on vous ait averti tardivement de l'arrivée d'invités,
adoptez l'une de ces stratégies du style « on se dépêche de faire le
ménage » :

- **Le week-end avant l'arrivée des visiteurs,** vous devriez
  avoir le temps de laver la toilette, l'évier et le plancher de la
  salle de bain — sans doute le seul endroit où vos invités
  seront seuls et auront le temps ou la tendance à réfléchir sur
  la propreté de votre maison. Si les invités restent pour la nuit,
  nettoyez aussi la douche, lavez et changez le linge de maison
  et les serviettes. Vous devriez aussi pouvoir passer l'aspirateur ou le balai dans la pièce, ou les pièces, où vous projetez
  de passer la plus grande partie de votre temps ; laver cette
  pile d'assiettes sales dans l'évier ; et vous assurer que vous
  avez suffisamment de verres, d'ustensiles et d'assiettes vraiment propres. Rien ne rebute autant les gens que de prendre
  dans l'armoire un verre sale, poussiéreux ou cerné de lait, ou
  encore de trouver une fourchette ornée de jaune d'œuf figé
  dans le tiroir à ustensiles.

- **La veille au soir**, vous devriez avoir encore du temps pour
  vous occuper de la salle de bain. Si vous n'avez pas de linges
  de maison propres, songez à vous rendre dans une buanderie

voisine afin de pouvoir laver vos draps (pour les invités qui passeront la nuit) et vos serviettes en une seule brassée, cela vous coûtera environ 10 $, mais vous économiserez les deux ou trois heures que vous passeriez autrement à surveiller la laveuse et le sèche-linge. De plus, sortez des assiettes propres si vous servez de la nourriture, vérifiez la propreté du bac de litière du chat, passez le balai ou l'aspirateur dans la pièce où vous prévoyez passer le plus de temps à divertir vos invités, et installez quelques bougies. Assurez-vous d'avoir sous la main tous les ingrédients nécessaires pour préparer la nourriture que vous servirez, et préparez le tout d'avance si vous en êtes capable.

✓ **Une heure avant**, vous devriez avoir le temps de nettoyer la toilette et l'évier. Lavez toutes les assiettes sales et malodorantes et dissimulez le reste, assurez-vous d'avoir deux ou trois verres propres si vous servez des boissons, et au moins quelques assiettes décoratives de carton ou une provision substantielle de serviettes en papier si vous servez une légère collation. Allez dans les pièces où vous passerez la plus grande partie de votre temps avec une boîte vide ou un sac d'épicerie et jetez-y tout ce qui n'est pas à sa place. Voyez à ce qu'il y ait deux ou trois sièges disponibles en y passant l'aspirateur ou en les essuyant.

✔ **Quand ils arrivent dans l'allée**, lavez-vous les mains, sortez le bac à litière si vous n'êtes pas certain qu'il est propre, et assurez-vous d'avoir du papier hygiénique et une serviette assez propre dans la salle de bain.

Résistez à l'envie de réorganiser. Lorsque vous commencez à arranger votre maison pour recevoir des invités, si vous êtes comme moi, vous serez peut-être tenté de réorganiser ou d'effectuer un nettoyage en profondeur. Il s'agit sans doute de l'une des rares fois où vous recevez de l'aide de personnes qui le font de bon cœur. Mais ne faites pas cela ! Vous finirez avec deux ou trois piles ordonnées et propres de choses variées, et il n'y aura toujours aucun endroit qui ne soit pas couvert de magazines ou de poils de chien pour que les invités puissent s'asseoir.

Faites un nettoyage en surface et travaillez rapidement. Essayez de prédire avec exactitude l'endroit où vous passerez la plus grande partie de votre temps avec vos invités. Passez l'aspirateur dans cette pièce et époussetez-la — mais sans déplacer de meubles, ni tenter d'enlever des taches sur le tapis. Aussi, utilisez la brosse à meubles de l'aspirateur pour nettoyer les coussins, mais ne passez pas l'aspirateur sous les coussins — c'est un travail pour une autre journée — quand vous n'attendez pas d'invités d'une minute à l'autre. Assurez-vous de dépoussiérer la table à café, surtout si vous y servez de la nourriture, mais n'essayez pas de décider quels magazines il faut conserver — cela demande trop de temps.

Modifiez vos habitudes

Il n'y a pas de mal à dissimuler les choses. Contrairement à la sagesse populaire, en ce qui concerne le nettoyage, il est bien de dérober du regard les choses désordonnées que vous n'avez pas eu le temps de laver ou d'organiser, surtout si vous êtes pressé par le temps. Mais il y a des règles de base : d'abord, ne dissimulez rien que vous n'utilisez pas souvent, ou vous risquez de ne plus retrouver l'objet en question, et vous aurez tout simplement ajouté au désordre de la maison (particulièrement si vous devez en acheter un nouveau quand arrive la période de l'année où vous êtes prêt à vous en servir). Pour le moment, vous pouvez mettre de côté une cafetière sale, l'assiette du chien, ou vos factures du mois, mais ce ne doit pas être le cas des lumières de Noël ou du wok dont vous vous servez une fois par année. Assurez-vous de dissimuler vos objets dans un endroit où vous retournerez bientôt : par exemple, dans la baignoire, le placard à manteaux, ou la douche, au lieu de la remise ou du garage.

Mettez de côté les jolis sacs. L'un de mes modèles préférés du domaine du nettoyage, Susan Castel, a aussi beaucoup d'expérience dans la vente au détail ; elle continue de mettre de côté ces jolis sacs d'épicerie avec des poignées tissées ou en plastique. Puis, quand elle n'a pas vraiment le temps de nettoyer avant l'arrivée d'invités, elle lance les objets non réclamés dans les sacs et dépose le tout dans un placard jusqu'à ce qu'elle ait du temps libre. « Cette méthode est particulièrement efficace si le design de votre cuisine comprend un poste de travail informatique, dit-elle. Vous n'avez qu'à ramasser tous les trucs visibles et à les mettre dans un sac. Plus tard, vous pourrez tout y retrouver puisque vous savez que vous y avez déposé toutes vos choses. » Lorsqu'il faut faire rapidement le ménage du salon ou de la chambre à coucher, ces sacs, ou des boîtes du même type, sont vraiment pratiques : vous n'avez qu'à y déposer tout objet mal rangé. N'essayez pas de remettre immédiatement chaque chose à sa place ; ce serait trop long et cela pourrait vous distraire complètement de la tâche que vous êtes en train d'effectuer. Après le départ des invités, allez chercher le contenant et remettez les objets à leur place.

Deuxième partie

Nettoyage en profondeur

Chapitre 3

L'entretien des planchers et des tapis

Balayez avant d'épousseter. Le fait de balayer a tendance à soulever un nuage de poussière ; attendez donc que celle-ci retombe avant d'épousseter les meubles.

Passez d'abord le balai ou l'aspirateur sur un plancher en bois.
Cette opération enlèvera la plus grande partie de la poussière et de la crasse en surface, et vous pouvez terminer en trempant un balai-éponge (ou une large éponge) dans un seau d'eau, le pressant jusqu'à ce qu'il soit presque sec, puis vous le passez sur la surface du plancher. Assurez-vous de bien rincer le balai-éponge régulièrement, et de le presser suffisamment pour qu'il soit de nouveau pratiquement sec. Si l'eau qui reste sur le plancher ne peut sécher d'elle-même en deux ou trois minutes, essuyez-la avec un linge sec ou une éponge sèche.

Faites briller vos planchers en bois avec du vinaigre et de la cire.
Passez le balai-éponge humide une seconde fois après l'avoir trempé
dans un mélange de 60 ml de vinaigre, 15 ml de cire liquide pour
meubles et 1,9 l d'eau.

Soyez prudent
N'utilisez jamais l'huile de citron sur des planchers en bois.
L'huile de citron attire la poussière, ce qui peut rendre les
planchers glissants, nous dit Tammy Wood, de Extreme
Cleaning, à Arvada, au Colorado.

Modifiez vos habitudes
Ne lavez pas régulièrement les planchers en bois. À moins
que le plancher n'ait besoin d'être lavé, ne vous en donnez
pas la peine (même s'il peut paraître vertueux de le faire).
Une exposition répétée à l'eau dissoudra progressivement la
couche protectrice, altérera la couleur du bois et fera ressor-
tir les veines, rendant la surface rugueuse.

Utilisez de la pâte dentifrice pour enlever aisément les éraflures.
Sur un plancher en bois dur, frottez les marques de talons ou les éraflures avec de la pâte dentifrice et une brosse à dents, après, essuyez
l'endroit propre avec une éponge humide et séchez. Sur le linoléum,
passez un linge propre imbibé d'huile pour bébé ou de vaseline,
mais assurez-vous ensuite d'enlever l'huile avec un essuie-tout ou
avec l'extrémité sèche du linge.

Passez la vadrouille sèche énergiquement. Sur les surfaces où le
balai ne ferait que déplacer la poussière ou les poils d'animaux sans
vraiment les ramasser, faites l'essai d'une vadrouille sèche.
Améliorez vos chances de succès en l'humectant d'un vaporisateur
pour la poussière (à ne pas confondre avec de la cire pour meubles).
Puis frottez en dessinant des huit devant vous, et en vous assurant
de ne jamais perdre contact avec le plancher, comme si vous étiez un
matelot en train de laver le pont. Ne défaites pas votre dur labeur :
quand vous aurez ramassé toute la poussière que la vadrouille sèche
peut retenir, insérez-le bout dans un grand sac de plastique et

secouez-y la vadrouille pour la débarrasser de la poussière qui la recouvre, vous pouvez aussi l'apporter à l'extérieur et la secouer dans la poubelle ou dans les buissons.

Produits pour économiser du temps
Enlevez les éraflures. Depuis longtemps entraîneuse bénévole de soccer, et commissaire régional de l'American Youth Soccer Organization, Shawn Simpson connaît bien les éraflures causées par les clous des chaussures de soccer et autres chaussures athlétiques. « Pour enlever les éraflures, a-t-elle expliqué, j'ai trouvé un produit extraordinaire qui s'appelle Lift Off dans un magasin de rabais. Je m'en sers aussi pour les marques de crayons sur les murs, les étiquettes de prix sur le verre des cadres de photographies, et bien d'autres choses. »

Donnez une coupe de cheveux à votre vadrouille sèche. Si vous taillez environ 1,25 cm des brins d'une vadrouille sèche, celle-ci sera plus facile à manier.

Produits pour économiser du temps
Les balais Swiffers sont fantastiques. Il s'agit de ces vadrouilles sèches dont vous vous servez pour nettoyer les planchers en bois dur, dit Susan Castle, de Chattanooga, au Tennessee. Propriétaire de trois bassets allemands, elle passe beaucoup de temps à ramasser les poils de chien. Se proclamant maniaque de la propreté, Susan explique : « Ces balais vont facilement jusqu'en dessous des meubles pour ramasser la poussière et les poils de chien, au lieu de tout simplement les déplacer et les soulever comme le fait un balai ordinaire. » Susan, qui est aussi la belle-mère de quatre jeunes adultes actifs, trouve un avantage supplémentaire à cet instrument de travail : « Vous n'avez ensuite qu'à jeter le chiffon au lieu de le laver dans la machine en mettant toute cette saleté dans la laveuse et le sèche-linge. »

$*$

Pour la laver, insérez la tête d'une vadrouille sèche dans un sac de mailles. « Elle risque moins de devenir éméchée et sera ainsi plus facile à utiliser », dit Louise Kurzeka, copropriétaire avec Pam Hix de Everything's Together, une entreprise d'organisation de la région de Minneapolis. « Lorsque vous sortez la tête de vadrouille de la laveuse, suspendez-la pour qu'elle sèche à l'air. Si vous la mettez au sèche-linge, elle produira de l'électricité statique et les planchers attireront la poussière ! » prévient Louise.

Jetez les carpettes dans le sèche-linge. Au lieu de secouer les carpettes, mettez-les dans le sèche-linge pendant 15 minutes au cycle sans chaleur et laissez le filtre à charpie se saisir de la saleté et des poils.

Soyez prudent

L'eau et l'aspirateur ne font pas bon ménage. Ne passez pas l'aspirateur sur un tapis même légèrement mouillé, sinon vous pourriez recevoir une décharge électrique, explique Joan Washburn, propriétaire de Vacuum Cleaner Bags… and More, un détaillant en ligne situé à Pennington Gap, en Virginie : « Soyez particulièrement prudent après avoir donné un shampoing à vos tapis, et tout spécialement près de l'entrée, car il se peut qu'il y ait des résidus de neige ou de pluie. Si vous passez l'aspirateur sur ces surfaces, de petites quantités d'humidité peuvent pénétrer dans votre appareil, risquant ainsi la corrosion ou la rouille de certaines parties de l'aspirateur — ce qui peut signifier des réparations dispendieuses et des pertes d'argent. »

Si vous n'avez pas passé l'aspirateur depuis un certain temps, donnez d'abord un coup de balai. Passez d'abord le balai sur votre tapis pour dégager la saleté incrustée et soulever des résidus plus importants. Servez-vous ensuite de l'aspirateur pour compléter le nettoyage.

Nettoyez vert

Rafraîchissez les tapis avec du bicarbonate de soude. Que ce soit pour enlever les odeurs d'animaux ou simplement pour rafraîchir votre tapis, faites l'essai de bicarbonate de soude avant de passer aux produits chimiques ou aux trucs très parfumés. En vous servant d'un tamis, saupoudrez généreusement du bicarbonate sur le tapis et laissez-le agir pendant 20 minutes. Quand vous nettoierez le bicarbonate de soude, en passant l'aspirateur, les odeurs et les fines saletés disparaîtront.

Chapitre 4

De sages conseils
pour le nettoyage des fenêtres

Si c'est possible, attendez que le temps soit couvert pour nettoyer vos fenêtres. Quand le temps est couvert, les fenêtres ne se zèbrent pas aussi facilement, et vous avez le temps d'essuyer le liquide avant qu'il ne soit asséché par la chaleur et ne forme des taches sur la vitre. S'il vous faut absolument laver les fenêtres par un jour ensoleillé, essayez de demeurer sur le côté de la maison qui est opposé au soleil.

Utilisez du détergent liquide pour vaisselle pour nettoyer les fenêtres. Vous n'avez pas besoin d'acheter un produit spécial, affirme Carla Edelen de l'entreprise Complete Cleaning, LLC, un service de nettoyage et d'entretien de St.Louis. « Vous n'avez qu'à verser quelques gouttes de détergent liquide pour vaisselle dans un seau d'eau et utilisez cette solution. » Si vous faites partie de ceux qui doivent connaître les mesures exactes, essayez 2 cuillères à thé (10 ml) de détergent liquide pour vaisselle pour 5 gallons (19 l) d'eau.

L'hiver, ajoutez de l'alcool à friction au mélange. « Nous avons trouvé que cette astuce empêche le liquide de geler, dit Carla Edelen. J'ajouterais environ un quart de tasse (60 ml) par gallon (3,8 l) d'eau. »

Allez faire un tour au département d'accessoires d'automobile. Si vous décidez d'acheter un produit commercial, le département d'accessoires d'automobile est l'endroit idéal. Le gallon de lave-glace est plus économique qu'un produit nettoyant. Vous pourrez l'utiliser pour remplir plusieurs bouteilles de vaporisateur, et il sera plus facile d'obtenir un résultat sans marques.

Modifiez vos habitudes

Que devez-vous utiliser pour essuyer ce liquide lave-vitre ? La bonne solution peut vous faire économiser du temps, prévenir les marques et une future accumulation de poussière :

- On essaie souvent de nous convaincre que des journaux constituent le meilleur matériau pour essuyer les vitres. Même s'il empêche les marques, le papier journal n'est pas vraiment absorbant, et certaines encres modernes couleront si vous ne laissez pas le papier sécher pendant quelques jours.

- Les serviettes en papier sont un bon choix, mais elles produisent beaucoup d'électricité statique. Si vous frottez une serviette en papier de long en large sur la fenêtre, vous créez une charge statique qui attire la poussière.

- Les fenêtres asséchées au moyen d'une raclette restent propres plus longtemps.
- Des vêtements peu ou non pelucheux sont un autre bon choix. Vous pouvez vous procurer des couches de coton ou des serviettes de tissu compact (pas de ratine) que vous trouverez dans l'allée d'accessoires automobiles du magasin de rabais.
- À la rigueur, les filtres à café en papier sont plus absorbants que le journal et produisent moins d'électricité statique que les serviettes en papier.

Essayez d'utiliser de l'eau claire pour laver vos vitres. Dans le cas de travaux plus légers, comme quelques fenêtres pas très sales, de l'eau claire tiède sera efficace. Outre son coût intéressant, l'eau ne laisse pas de marque lors des journées chaudes.

Servez-vous de vinaigre blanc. Faites briller les fenêtres intérieures avec un tissu propre non pelucheux que vous aurez trempé dans du vinaigre blanc non dilué. Frottez jusqu'à ce que la saleté et le vinaigre disparaissent.

Fabriquez vos propres lingettes pour le lavage des vitres. Dans le but d'économiser du temps pour les dix ou vingt prochaines fois où vous voudrez essuyer rapidement une fenêtre pas trop sale, passez quelques minutes à fabriquer des lingettes maison pour vos vitres. Pliez une trentaine de serviettes en papier résistantes en quatre, empilez-les dans une boîte en plastique qui a contenu des lingettes pour bébé, ou dans un contenant de plastique de même taille (comme Gladware) d'une capacité de 3 tasses (710 ml). Mélangez 2 cuillères à soupe (20 ml) d'alcool à friction, une cuillère à thé (5 ml) de vinaigre blanc et ¾ de tasse (175 ml) d'eau et verser le mélange sur les essuie-tout. Scellez le contenant et laissez les serviettes en papier absorber le liquide pendant au moins quatre heures avant de vous en servir. Cette opération ne relève pas des sciences exactes, différentes serviettes en papier absorberont la solution différemment. À la fin du trempage, ajoutez plus de liquide ou plus de serviettes, selon le besoin. Si ces lingettes commencent à sécher avant que vous n'ayez utilisé tout le contenu de la boîte, ajoutez simplement un peu plus d'eau ou de solution de nettoyage, et laissez tremper le tout toute la nuit avant de vous en servir.

Les prodiges annuels

Il est impossible de nettoyer vos fenêtres en 10 minutes, mais on peut raisonnablement s'attendre à prendre ce temps pour chaque fenêtre si l'on est organisé, si l'on dispose d'un escabeau, et si l'on suit ces instructions :

1. **Dans le cas des vitres crasseuses, utilisez un peu d'eau savonneuse avec une éponge ou un linge.** Si vos fenêtres ont été dissimulées derrière des rideaux, ou qu'elles sont situées dans un grenier — étant ainsi soumises à beaucoup de saleté —, il vous faudra plus qu'un petit flacon de Windex en vaporisateur pour les nettoyer en 10 minutes.

2. **Commencez par nettoyer les appuis et les cadres de fenêtre.** Si vous entreprenez cette opération à la fin, vous salirez les carreaux. Passez l'aspirateur sur les appuis et les extrémités du cadre, passez ensuite un chiffon à poussière puis, à moins qu'il ne s'agisse d'une surface qui ne le tolère pas, comme du bois non protégé, essuyez les appuis et les cadres avec un linge mouillé.

3. **Bordez les appuis avec des journaux ou des serviettes propres (mais usées).** Voici une situation où ces bons

vieux journaux trouvent leur utilité — ils recueillent tout excès d'eau et vous n'avez qu'à les jeter une fois le travail terminé.

4. **Si la vitre est vraiment très sale, essuyez-la d'abord avec un linge humide.** Ainsi, vous devriez vous débarrasser de la saleté la plus tenace, et vous ne serez pas obligé de rafraîchir la solution de nettoyage aussi souvent pendant l'opération.

5. **Trempez votre éponge ou votre linge dans l'eau savonneuse.** Puis épongez le savon sur un carreau de vitre individuel en effectuant un mouvement de long en large afin de détacher tout sédiment. Tordez l'éponge dans le seau avant de vous attaquer à un nouveau carreau de vitre.

6. **Essuyez la surface avec une raclette**. Passez doucement la raclette de haut en bas et essuyez sa lame après chaque frottage. Répétez l'opération jusqu'à ce que le liquide ait disparu du carreau et que la fenêtre soit propre.

7. **Placez votre index dans un linge propre et sec**. Puis passez votre doigt recouvert de tissu tout le long de

chaque côté de la fenêtre et dans les coins pour les nettoyer et les assécher. Déplacez le linge au fur et à mesure qu'il est sali.

On doit porter une attention particulière aux taches tenaces. S'il reste une tache tenace quand vous avez terminé le lavage, essayez de la gratter très doucement avec un petit couteau de précision (comme un X-acto) ou avec un rasoir à lame droite. Faites d'abord un test sur une petite superficie peu visible de la fenêtre, pour vous assurer que cela ne laissera pas de rayure. Pulvérisez ensuite un peu d'eau sur la tache et grattez-la. Vous pouvez aussi essayer un tampon métallique fin, au lieu d'un couteau ou d'un rasoir.

Voyez à ce que les fenêtres ne se tachent pas. Servez-vous d'un « écran antipluie » comme le Rain-X pour éviter que des taches ne se forment sur la fenêtre récemment nettoyée. Vous pouvez vous procurer ce produit dans un magasin d'accessoires d'automobile, et l'appliquer comme s'il s'agissait d'une vitre de pare-brise.

Servez-vous d'une raclette. Passez une raclette de haut en bas à l'intérieur de vos fenêtres, et d'un côté à l'autre à l'extérieur. Ainsi, s'il y a des marques, vous saurez de quel côté il vous faut repasser avec le liquide de nettoyage.

Produits pour économiser du temps

Achetez une raclette d'excellente qualité. Offrez-vous une raclette d'excellente qualité qui ne passera pas par-dessus le liquide lave-vitre sans le racler, et que vous pourrez utiliser pour de nombreuses fenêtres (même celles de votre voiture !). Vous pouvez la commander d'un magasin de produits de nettoyage sur Internet, ou d'un magasin d'accessoires d'automobile. Elle devrait être pourvue d'une lame de caoutchouc très doux sans encoches ni imperfections, et elle vous coûtera environ 10 $. Par la même occasion, achetez des lames de caoutchouc supplémentaires, pour être en mesure de remplacer la lame actuelle, lorsqu'elle sera usée.

✳

Servez-vous du tuyau d'arrosage. Oubliez l'échelle, utilisez le nettoyant Windex Extérieur Fenêtre et Surface. Wade Slate de Knoxville au Tennessee aime tellement ce type de Windex pour les fenêtres extérieures, particulièrement celles qui se trouvent au second étage, qu'il affirme souhaiter pouvoir l'utiliser pour nettoyer l'intérieur des vitres plus élevées. « Ce produit est livré équipé d'un accessoire spécial qui se fixe à votre boyau de jardin, et vous pouvez alors le vaporiser sur les fenêtres aussi loin que se rend votre boyau », explique Wade, propriétaire d'une entreprise d'entretien de pelouses, qui étend ses activités au lavage à pression pour environ trente clients par année. « Ce produit fait vraiment un bon travail et ne requiert pas de rinçage. Bien sûr, on trouve quelques taches, et vous ne pouvez diriger parfaitement le jet d'en bas, mais le résultat est meilleur que celui qu'obtiennent la plupart des gens qui essaient de laver leurs vitres à la main, debout sur un escabeau ; de plus, l'opération est beaucoup plus rapide. »

Enlevez vos moustiquaires. Enlevez les moustiquaires des fenêtres pour les laver. Assurez-vous de nettoyer les rainures où reposent les cadres du grillage avec de l'eau savonneuse, et en enroulant un linge autour d'un tournevis pour dégager la saleté au fond des rails. Utilisez du ruban masque pour écrire un numéro sur chaque fenêtre et posez le même chiffre sur la moustiquaire qui y est attachée; de plus, insérez toutes les vis et les boulons requis pour replacer la moustiquaire, dans un sac à fermeture par pression et glissière. Cette méthode vous économisera du temps lorsque vous remettrez les moustiquaires propres en place. Déposez les moustiquaires sur des journaux dans le garage ou à l'extérieur, et servez-vous d'une brosse de ménage (comme celle dont vous vous serviriez pour frotter le plancher) pour dégager la saleté et la poussière de chaque côté, ou encore, aspirez la saleté à l'aide de l'aspirateur.

Lavez les moustiquaires à l'extérieur. Si vous voulez laver des moustiquaires, attendez de pouvoir le faire à l'extérieur en utilisant le tuyau d'arrosage. Sinon vous passerez plus de temps à laver les planchers et la baignoire que les moustiquaires. Recouvrez votre espace de travail de plusieurs papiers journal, et remplissez un seau avec de l'eau chaude savonneuse. Utilisez environ ¼ de tasse (60 ml) de détergent liquide à vaisselle pour 2 gallons (7,6 l) d'eau. Appuyez la moustiquaire contre un mur, une balustrade, une véranda ou un arbre. Trempez une brosse raide (celle dont vous vous serviriez pour frotter les planchers) dans l'eau savonneuse et frottez les deux côtés des mailles de la moustiquaire. Essuyez ensuite le cadre extérieur avec un linge doux, trempé dans la même eau savonneuse. Servez-vous d'un fin jet d'eau à partir du boyau pour rincer le tout, et laissez les moustiquaires sécher avant de les remettre en place.

Chapitre 5

La poussière, la moisissure et autres allergènes

Époussetez le téléviseur avec une feuille de produit assouplissant. L'éliminateur d'électricité statique empêchera la poussière de s'y déposer de nouveau. Si un membre de la maisonnée est sensible aux parfums, assurez-vous d'acheter des feuilles non parfumées.

Pour que les ministores restent propres, époussetez-les chaque semaine avec un chiffon à poussière en laine d'agneau. Assurez-vous de fermer d'abord les stores, et rappelez-vous que les deux côtés se salissent et ont besoin d'être époussetés. Un chiffon à poussière en laine d'agneau est idéal pour les abat-jour parce qu'il attire la poussière sans laisser de résidu contrairement à une guenille.

Les prodiges annuels

Sortez les ministores pour les assécher avec une serviette : si vous voulez vraiment que vos stores soient propres, suivez les étapes suivantes. Enlevez-les de leurs cadres, puis apportez-les à l'extérieur et déposez-les sur le trottoir, ou dans une petite pataugeoire. Lavez-les avec quelques gouttes de détergent liquide à vaisselle dans de l'eau chaude. Rincez-les ensuite avec de l'eau propre. Le nettoyage de chaque store ne vous prendra que 10 minutes.

Dansez pendant que vous époussetez. Dépoussiérez la pièce le jour de la lessive et motivez-vous en même temps, suggère l'ancienne chef de bureau pour un groupe de psychothérapeutes, Shawn Simpson, qui habite à Belfair, dans l'État de Washington. « J'enfile de vieilles chaussettes propres sur mes mains et mes bras, je mets un disque d'Aretha Franklin comme fond sonore et je monte le volume. Je me laisse envahir par la musique pendant que j'époussette tout ce qui se trouve sur mon passage. Quand les chaussettes commencent à se salir sur un côté, je les enlève pour les retourner et je continue. Je ne m'arrête que quand ce côté est sale aussi, ou quand je suis fatiguée de danser, je mets ensuite les chaussettes directement au lavage. » La chanson préférée de Shawn pour épousseter : « Freeway of Love ».

Époussetez en faisant la lessive. Cathy Steever, une mère de quatre enfants qui fait la navette tous les jours de la maison au travail, tire le maximum du temps passé à faire la lessive. « Comme je dois la laver de toute façon, je me sers d'une chaussette pour essuyer le dessus de la lessiveuse et du sèche-linge, qui semblent vraiment attirer la poussière et la peluche », dit Cathy qui vit à Medfield — dans la banlieue de Boston —, au Massachusetts. « Juste avant de faire une brassée, je nettoie les résidus de savon accumulés — en fait, je parle de cette substance qui s'accumule dans les distributeurs de la machine à laver — puis je jette la chaussette sale dans la machine et je la lave avec le reste de la brassée. »

Modifiez vos habitudes

Délaissez le plumeau à poussière. Ils sont tout mignons avec leur costume de femme de chambre française, mais les plumeaux ne font que soulever de la poussière qui finit par s'installer ailleurs. C'est aussi le cas des brosses à sec souvent recommandées pour enlever la poussière dans les endroits difficiles à atteindre. Servez-vous plutôt d'un chiffon et d'un atomiseur pour la poussière ou un morceau de flanelle — tout ce qui enlèvera la poussière en la faisant adhérer à une autre surface, d'où vous pourrez en disposer, plutôt que de propulser des particules dans l'air. Si vous devez épousseter des endroits difficiles à atteindre, utilisez des cotons-tiges dans les petits espaces, et un chiffon à poussière ou un bas enroulé autour du manche d'un balai à franges pour les coins et sous les meubles volumineux.

Débarrassez-vous de la suie en vous servant de sel. Toutes les deux semaines, jetez ½ tasse (100 g) de sel sur les bûches de votre foyer (les véritables) pour réduire la formation de suie dans le foyer.

Changez le sac de l'aspirateur pour vous débarrasser des bactéries. « Les odeurs dans l'aspirateur sont principalement causées par des bactéries qui se développent dans le sac », dit Georgia Jones, propriétaire d'un magasin de vente au détail en ligne, Vacuum Cleaner Bags… and More. « Changez vos sacs au moins une fois par mois — et même plus souvent si vous avez des animaux. La seule raison pour laquelle vous utilisez l'aspirateur, c'est pour enlever la saleté et les microbes de votre maison. Jetez donc le sac et sortez *vraiment* la saleté de votre maison ! » Si vous changez consciencieusement vos sacs, vous prolongerez la vie de votre aspirateur. « Un sac bouché fait chauffer votre moteur, causant du surmenage et réduisant la vie du moteur. Les quelques sous que vous pourriez économiser en ne changeant pas vos sacs peuvent rapidement se transformer en dollars de dépenses s'il vous faut réparer le moteur. » Quand vous achetez un aspirateur, choisissez un modèle dont les sacs peuvent facilement être achetés à l'épicerie ou dans un magasin à rabais.

10 minutes de prévention
Gardez les chiens hors de la chambre à coucher en installant une barrière pour bébé. Respirer du poil de chat ou de chien toute la nuit, et être étendu sur un lit dont le couvre-pied est recouvert de leur salive, et autres particules animales, est un moyen assuré de déclencher des allergies. Pour les chats, il faut absolument poser un pêne dormant, mais une barrière pour bébé suffit habituellement à arrêter les chiens.

*

Procurez aux animaux de compagnie leur propre endroit pour dormir parfumé aux odeurs humaines. « Les chats et les chiens n'essaient pas de vous contrarier en dormant au même endroit que vous ou sur vos vêtements », explique Tom Russell, propriétaire, depuis longtemps, d'animaux de compagnie. Il a suivi plusieurs cours de dressage de chiens à Knoxville, au Tennessee. « L'idée, c'est qu'ils aiment tout ce qui est imprégné de l'odeur de leurs propriétaires. Pour empêcher qu'ils répandent poils et salive sur tout ce qui vous appartient — ce qui cause régulièrement des réactions chez les personnes qui souffrent de ces allergies —, procurez-leur leurs propres choses qui ont votre odeur. Par exemple, dormez pendant quelques jours avec leur nouveau coussin ou couverture, ou placez ceux-ci avec le linge à laver ou avec vos souliers pour un moment.

Faites rouler du ruban adhésif sur le sofa pour enlever les poils de chat. Avec quatorze chats bien-aimés et un problème d'allergies, la femme de Jim Slate, Liz, a tendance à beaucoup éternuer. Mais ils font leur possible pour enlever les poils de chat du sofa, en passant un rouleau d'épais ruban masque, la sorte dont se servent les gens pour masquer les fenêtres avant de les peindre. « Nous renversons le ruban adhésif, pour que le côté collant soit à l'extérieur, enrobant l'extérieur du rouleau au complet », explique ce résidant de Winnsboro, en Caroline du Sud. « Puis nous le roulons sur le sofa ou sur les sièges de voiture, et le poil s'y accroche rapidement. Quand ça ne ramasse plus, nous enlevons la partie qui était exposée, et nous renversons un nouveau morceau. »

Servez-vous de l'orange pour éliminer les odeurs d'urine de chat.
Jim Slate et sa femme, Liz, habitent près d'un lac dans la campagne
de la Caroline du Sud, et les chats errants semblent vraiment appré-
cier l'endroit. La présence de minets comme Champion, qui est
passé du statut d'animal errant orange et blanc à celui de patron de
la maison (et de treize autres chats) en seulement deux semaines,
signifie que les Slate doivent se battre contre une bonne quantité
d'urine de chat — provenant d'arrosages intentionnels ou de chats
qui urinent à côté du bac à litière. « Nous avons découvert que le
nettoyant ordinaire à l'orange, comme 409 Orange Power, est plus
efficace que le produit spécialement conçu pour enlever les odeurs
d'urine de chat, dit Jim. Il est deux fois moins dispendieux, mais il
couvre tellement bien l'odeur que les autres chats ne sont pas attirés
au même endroit pour essayer de se surpasser les uns les autres. »

Essayez d'abord un filtre 3M Filtrete pour générateur d'air chaud.
Avant de vous offrir un purificateur d'air portatif, songez à acquérir
un filtre peu dispendieux pour les générateurs d'air chaud à air

soufflé, et les systèmes de climatisation, dit ConsumerSearch, une maison d'édition sur le Web, dont les centres d'opération sont à New York et à Washington, D.C. Ils « revoient les évaluations » pour aider les consommateurs à trouver des produits de premier ordre, ou ce qu'ils peuvent trouver de mieux pour un budget. Les études qu'ils ont évaluées affirment qu'on peut facilement trouver les 3M Filtrete dans les magasins populaires de rabais ; « ce produit est excellent pour enlever la plupart des allergènes courants, comme la poussière et les particules animales. Ils ne sont pas aussi efficaces avec la fumée ou avec les odeurs. Mais un filtre de 15 $, remplacé quatre fois par année, peut améliorer la qualité de votre air intérieur, au point que vous n'aurez plus besoin d'une unité portable plus dispendieuse. » En plus des centaines de dollars à débourser pour l'achat d'un purificateur d'air, il faut tenir compte du fait que le remplacement des filtres pour ce type d'appareil peut coûter de 40 $ à 50 $ chacun, et que les unités munies de plateaux électrostatiques produisent de l'ozone, souvent à des niveaux inacceptables.

Déplacez vos plantes intérieures pour qu'elles ne reposent pas directement sur un tapis ou une carpette. Déposez-les dans une soucoupe de plastique ou de céramique, préférablement sur le linoléum ou sur le bois dur, ou toute surface facile à nettoyer par un simple essuyage. Encore mieux, placez les soucoupes sur une petite plateforme sur roulettes, pour que vous puissiez tout simplement les rouler d'un ou deux mètres quand il vous faut nettoyer. Sinon, un excès de moisissure causé par un arrosage excessif, ou même par la simple condensation, formera de la moisissure sur le tapis ; ce qui est difficile à nettoyer, et constitue un puissant irritant pour les personnes allergiques.

10 minutes de prévention
Prévenez la moisissure sur les rideaux de douche. Trempez votre nouveau rideau de douche en plastique pendant 24 heures dans 1 gallon (3,8 l) d'eau chaude auquel vous aurez ajouté 1 tasse (200 g) de sel , puis suspendez-le. Vous éviterez ainsi la moisissure pendant des mois.

Utilisez le vinaigre pour combattre la fumée. Bien sûr, personne ne devrait fumer à l'intérieur, mais si vous placez quelques petits bols de vinaigre maison, cela absorbera les odeurs de fumée d'un poêle à bois ou d'un foyer. Une autre solution : humectez une serviette dans du vinaigre concentré et agitez-la dans la pièce. Ou placez un plateau peu profond, rempli de bicarbonate de soude, à l'intérieur du foyer après le nettoyage, cela absorbera les odeurs de suie.

Humectez les cendres pour qu'elles ne se répandent pas dans l'air. Servez-vous d'un pulvérisateur en plastique, rempli d'eau claire, pour vaporiser les cendres dans le fond du foyer avant de les ramasser avec le balai — les cendres humectées ne se soulèveront pas dans l'air. Mais ne les arrosez pas trop, car les cendres mouillées sont très difficiles à nettoyer.

Répandez du bicarbonate de soude pour vous débarrasser des odeurs de fumée sur le tissu d'ameublement. Laissez-le reposer pendant quelques heures, puis passez l'aspirateur. N'oubliez pas les espaces sous les coussins !

Anéantissez les taches de nicotine sur les murs avec Simple Green. Lavez le mur avec du Simple Green concentré (vendu en contenants d'un gallon dans la plupart des magasins à un dollar) et une éponge. Faites d'abord un test sur un endroit pas trop en évidence, et assurez-vous de rincer complètement l'éponge dans un seau séparé d'eau propre et chaude au fur et à mesure que vous nettoyez. Faites suivre en rinçant avec de l'eau claire sur une éponge légèrement humide, puis laissez sécher les murs à l'air.

Lavez les vêtements enfumés en ajoutant du bicarbonate de soude à l'eau du lavage. Pour nettoyer les vêtements enfumés, ajoutez

¼ de tasse (55 g) de bicarbonate de soude à une brassée de lessive et coupez le détergent du tiers. De plus, si vous êtes allergique aux parfums du savon à lessive, le bicarbonate de soude a tendance à être hypoallergénique et les vêtements sentent encore meilleur.

Chapitre 6

Que la lumière soit (propre) !

N'appliquez pas de solution nettoyante sur les ampoules. Essuyez-les plutôt avec une serviette non pelucheuse. Si une ampoule n'a pas été nettoyée depuis longtemps et que la saleté tenace s'y est accumulée, essayez de la nettoyer avec un linge à peine humide que vous aurez trempé dans de l'eau claire, et rapidement, essuyez-la avec un linge propre. On nettoie aussi les tubes fluorescents en y passant un linge à peine humide ; dans le cas des lumières encastrées, on les frotte avec un linge mouillé et on les sèche ensuite avec un linge non pelucheux. Assurez-vous d'exécuter cette simple procédure, car des ampoules sales vous donnent moins d'éclairage pour votre argent, et après un certain temps, la chaleur peut produire une odeur de moisi dans la pièce.

Produits pour économiser du temps

Épargnez-vous du travail en utilisant des ampoules de longue durée. Changer les ampoules peut parfois exiger beaucoup de travail. Trouver l'échelle, enlever la délicate ampoule usée, écouter les blagues que ceux qui tiennent l'échelle ne manquent pas de raconter. Matt Herd croit que vous ne devriez procéder à cette opération qu'une fois tous les sept ans. « Ces ampoules à longue durée vous épargneront temps et énergie », dit Matt, qui dirige un département d'éclairage et d'électricité dans un grand magasin à Topeka, au Kansas. « Vous pouvez aussi remplacer une ampoule ordinaire par une ampoule fluorescente qui peut durer jusqu'à sept ans. Elles sont extraordinaires, à condition de ne pas avoir besoin de diminuer l'éclairage de cette pièce ou de cette lampe. »

Laissez les chandeliers s'égoutter. Matt Herd recommande aussi l'utilisation de nettoyants pour chandelier si vous ne voulez pas passer beaucoup de temps sur un escabeau pour le nettoyer. « Protégez la surface sous le chandelier en y déposant plusieurs journaux, puis montez sur une échelle et arrosez généreusement le chandelier en vous servant du pulvérisateur, dit-il. Toute la saleté dégoutte — littéralement —, pas de rinçage ni de lavage. » Le produit que Matt connaît le mieux est fabriqué par Angelo, mais d'autres marques sont aussi offertes sur le marché, dit-il.

Si vos abat-jour sont plissés, procurez-vous une brosse à cheveux pour bébé. Apportez l'abat-jour à l'extérieur et brossez les plis de haut en bas. Les poils doux enlèveront la poussière des crevasses étroites, entre les plis, sans écraser la forme de l'abat-jour.

Cardons, cardons la laine des moutons. Achetez un plumeau en laine d'agneau imprégné de lanoline pour dépoussiérer les abat-jour en papier, de tissu ou de soie fine.

Donnez un bain aux abat-jour de verre. Lavez les abat-jour de verre dans un bain de plastique rempli d'eau savonneuse, en vous servant de détergent liquide pour la vaisselle ou de détergent doux à lessive. Mais d'abord, placez une serviette dans le fond pour que les globes ne se cognent pas ni ne soient éraflés par le plastique. Après le trempage, lorsqu'ils sont propres (grâce aux mouvements de votre main aidée d'une guenille souple savonneuse), rincez-les à fond et laissez-les sécher en égouttant sur une serviette de bain repliée.

10 minutes de prévention

Profitez de l'éclairage des chandelles, tout en évitant le désordre et la saleté, en vous servant de ces astuces :

- Achetez des rubans de cire d'abeille. Ils ne dégagent pas de fumée, et leur coût plus élevé est compensé par le fait qu'ils brûlent plus longtemps que la paraffine.

- Cela peut sembler un peu frou-frou, mais si vous éteignez une chandelle avec un éteignoir au lieu de souffler dessus, il y a moins de risque que la cire ne tombe sur la table ou sur le plancher. Vous pouvez en trouver chez un vendeur de produits d'étain, dans un magasin de bougies, ou commandez-en un en ligne. Les magasins d'antiquités vendent aussi des éteignoirs décoratifs.

- Les bobèches, de petites assiettes transparentes où l'on insère les longues bougies fines, empêcheront la cire de couler sur la table ou sur des chandeliers difficiles à laver. Elles sont en vente dans des magasins de bougies et d'artisanat et dans certaines boutiques d'articles pour la maison — il est aussi possible d'en commander sur Internet.

Attaquez-vous à la saleté sur les plaques d'interrupteur. Enlevez la saleté — non le mur autour — quand vous nettoyez une plaque d'interrupteur de lumière. Prenez 10 minutes de plus pour découper un cadre de carton que vous appliquez autour de la plaque avant de la nettoyer. Ainsi, la solution nettoyante ne débordera pas sur votre mur ou sur votre précieux papier peint.

Frottez ces plaques. Utilisez un détachant doux tout usage, comme du vinaigre et de l'eau, pour nettoyer les plaques de plastique des commutateurs. Mais comme elles ont tendance à attirer les marques de doigts sales, vous devrez peut-être recourir au pouvoir accru d'un dégraissant comme le 409, ou de l'alcool à friction sur le coin d'une guenille souple, pour frotter les traces avec votre doigt. Dans tous les cas, terminez le travail en rinçant le tout à l'eau claire et en le séchant avec un linge propre.

Soyez prudent

Ne vous servez jamais de nettoyant à huile de pin sur les plaques de commutateur. Malgré vos efforts, le produit peut se répandre sur le mur et endommager les surfaces peintes.

Troisième partie

De fond en comble

Chapitre 7

Des salons où il fait bon vivre, des salles familiales fonctionnelles

Avant d'épousseter, rafraîchissez la pièce. Avant d'épousseter la table à café et les bibelots, mettez le climatiseur en marche. Son filtre débarrassera la pièce de la poussière qui n'adhère pas au chiffon et qui se retrouve en suspension dans l'air.

Ramassez plutôt que d'aspirer. Avant de passer l'aspirateur, ramassez tout ce qui traîne — épingles, punaises, clous et, oui, même les chaussettes ! — avec vos mains ou même au moyen d'un aimant. Ainsi, vous ne serez pas obligé de vous interrompre chaque fois que l'aspirateur attrape l'un de ces objets, ou d'être obligé de prendre le temps de fouiller dans le sac de l'aspirateur (ou dans le réceptacle d'un aspirateur sans sac) pour retrouver la chaussette de soccer de Junior.

Modifiez vos habitudes

Passez d'abord l'aspirateur, nettoyez ensuite la poussière de sur les meubles. Ne perdez pas de temps à épousseter avant de passer l'aspirateur. Souvent l'aspirateur renvoie la poussière dans l'air et celle-ci se retrouve sur vos meubles propres. En passant l'aspirateur d'abord, vous épargnerez temps et frustration.

Utilisez un petit balai. Les petits balais sont idéals pour les coins difficiles à atteindre et autour des plinthes. Servez-vous du petit balai avant de passer l'aspirateur et vous n'aurez qu'à ramasser les débris en vous servant de l'aspirateur-balai ou d'un accessoire.

N'oubliez pas les appuis de fenêtres. Si vous avez l'habitude d'ouvrir les fenêtres pour faire pénétrer une bonne brise dans le salon ou dans la salle familiale, prenez aussi l'habitude d'épousseter et de laver les appuis de fenêtres. Non seulement le fait d'ouvrir et de refermer continuellement les fenêtres attire les traces de doigts sales, mais la poussière qui se dépose sur l'appui est soufflée dans la pièce et retombe sur les abat-jour, les bibelots et autres objets.

Quand vous n'avez plus de produit pour nettoyer la poussière (Pledge ou Endust), faites l'essai d'une préparation maison. Mélangez de l'huile d'olive et du vinaigre, ou du jus de citron, dans les proportions suivantes : une cuillère à soupe (15 ml) d'huile d'olive d'excellente qualité à deux cuillères à soupe (30 ml) de jus de citron ou de vinaigre blanc et le tour est joué. Pour nettoyer et polir les meubles en bois, vous pouvez verser ce mélange dans un pulvérisateur de solution nettoyante, ou trempez un linge doux et propre dans le mélange. Le vinaigre extrait la saleté du bois et l'huile l'empêche de sécher à cause de nettoyages répétés.

Procurez-vous du jojoba liquide. Si vous préférez fabriquer votre propre nettoyant à meuble et de la cire maison, et que vous disposez de quelques minutes supplémentaires pendant que vous faites vos emplettes, offrez-vous de la cire liquide jojoba. Vous pouvez trouver ce produit dans des magasins de produits diététiques. Utilisez-le pour remplacer l'huile dans le nettoyant ou la cire à meubles — dans l'armoire ou sur vos tables et vos étagères, il ne rancit jamais.

Nettoyez vert

Consultez un herboriste ou un détaillant en ligne pour des produits à base d'huile de citron pure pour le nettoyage et le polissage. L'huile de citron est le produit idéal pour polir le bois, car elle restaure le lustre tout en faisant fonction d'antiseptique. Mais la plupart des produits vendus dans le commerce ne sont pas entièrement naturels, et ils peuvent contenir des distillats de pétrole. Pour fabriquer une cire à meuble naturelle et aromatique, mélangez 10 gouttes d'huile de citron pure et deux cuillères à soupe (30 ml) de jus de citron, puis ajoutez 5 gouttes d'huile d'olive de très bonne qualité ou de jojoba. Appliquez-en une toute petite quantité sur un morceau de flanelle doux et propre, puis frottez le meuble pour lui donner un lustre de la plus haute qualité.

*

Nettoyez la face de verre d'une horloge avec de l'alcool à friction. Trempez un chiffon doux dans un peu d'alcool et frottez le verre jusqu'à ce que l'alcool — et la saleté — disparaisse.

Des DVD propres. Aussi étrange que cela puisse paraître, votre collection de DVD devrait se situer à une bonne distance du téléviseur. L'électricité statique de l'appareil agit comme un aimant pour la poussière, et celle-ci se dépose ensuite sur les boîtiers de plastique. Conservez plutôt les DVD dans un autre coin de la pièce, à l'intérieur d'une boîte pour photographies de qualité « archives » et fermez la boîte.

10 minutes de prévention

Si vous êtes las d'épousseter des objets, essayez ces astuces pour limiter le nombre de bibelots et le désordre :

- Pour réduire votre collection de CD et de DVD, allez faire un tour dans un magasin de films ou de CD usagés. Quand vous voyez qu'on offre un bon prix pour racheter les CD et les DVD, vous serez peut-être tenté de vous débarrasser de votre propre réserve pour obtenir un peu d'argent comptant.

- Faites don de vos choses aux endroits où elles sont susceptibles d'être appréciées. Steve Little, bibliothécaire depuis longtemps à Chattanooga, au Tennessee, nous rappelle qu'alors que de nombreux livres ne conviennent pas à une collection de bibliothèques publiques, la plupart de celles-ci accepteront avec joie des dons de cassettes audio et vidéo, de CD, et de DVD, à condition qu'ils soient en bon état. Et si vous commencez à emprunter les CD et les DVD de la bibliothèque au lieu de les acheter, vous diminuerez rapidement votre corvée de nettoyage.

- Rappelez-vous ceci quand vous vous trouvez au centre commercial : tout ce que fait Joan Kennedy pour réduire la quantité de bibelots dans sa résidence ancienne de 1910, à Hampton en Virginie, c'est de calculer la somme de nettoyage et d'entretien qu'ils exigent —, et cela, pendant qu'elle se trouve toujours au magasin. « Le résultat, dit-elle, c'est que je ne les achète pas. »
- Ne vous laissez pas envahir par les bibelots. Joan, une architecte de formation, recommande de concevoir le plan d'une pièce avec deux ou trois beaux objets, comme une poterie ou un bol de grande taille, puis d'interdire l'entrée à tout le reste, même (et particulièrement !) si ce sont des cadeaux.
- Éliminez les magazines. Même si elle est journaliste professionnelle pour des magazines, et formatrice en écriture, Dorothy Foltz-Gray de Knoxville, au Tennessee, se limite à trois parutions de magazine. Elle fait don des autres à la bibliothèque, ou les recycle.

Époussetez vos livres. Époussetez légèrement vos livres avec un linge de flanelle doux non traité ou un chiffon de microfibres. Les produits à pulvériser, ou la cire, ont tendance à répandre la poussière sur les livres, comme c'est le cas quand on presse trop fermement.

Donnez de la place aux livres pour qu'ils respirent. Même si vous avez l'impression que vous économisez de l'espace, ne posez pas deux rangées de livres sur la surface de l'étagère. Pour éviter la formation de moisissure sur les livres, il faut permettre à l'air de circuler au-dessus et derrière eux. Une seule rangée de livres par étagère est donc suffisante ; il faut laisser un espace de 2,5 cm entre le dessus des livres et le dessous de la tablette supérieure. Cette façon de procéder facilite l'époussetage des livres et des étagères.

Dépoussiérez — mais ne nettoyez pas les peintures à l'huile. Vous pouvez épousseter vous-même les peintures à l'huile, mais laissez des professionnels se charger de tout nettoyage requis. Autrement, vous pourriez ruiner vos œuvres d'art.

Soyez prudent
Soyez prudent quand vous nettoyez des œuvres d'art et des photographies encadrées. Ne vaporisez jamais de nettoyant ou d'eau sur le cadre. Le liquide peut s'infiltrer derrière le verre et endommager les photographies ou les œuvres d'art. Humectez plutôt un linge propre pour essuyer le cadre et le verre. Si cela ne vous prend qu'une ou deux minutes de plus, enlevez les plus petits cadres et les miroirs du mur pour les nettoyer. Cela pourra prévenir que de la solution nettoyante s'infiltre accidentellement à l'intérieur des cadres lorsque vous travaillez à longueur de bras, et vous aurez aussi la chance d'essuyer le mur derrière les cadres.

Ne vous servez pas d'un plumeau à poussière pour nettoyer les plantes d'intérieur. « C'est le meilleur moyen de répandre des insectes nuisibles et minuscules, comme les araignées rouges ou les cochenilles », dit Barbara Pleasant, de longue date rédactrice spécialisée dans les articles sur le jardinage. Elle habite à Pisgah Forest, en Caroline du Nord, et est auteure de *The Complete Houseplant Survival Manual*. Mais les plantes d'intérieur ont besoin d'attention ; elles ne peuvent absorber le CO_2 et la lumière à travers une couche de poussière (toutes ces feuilles mortes ne sont pas très belles, surtout quand elles se répandent partout sur le plancher !). « Nettoyez à la main les feuilles des plantes à larges feuilles comme les scheffleras ou les philodendrons avec un linge doux ou une éponge trempée dans de l'eau savonneuse, et vous vous débarrasserez ainsi de tous les insectes nuisibles », dit Barbara. Vous devez sortir les fougères et les autres plantes d'intérieur pourvues de fins feuillages pour pouvoir les nettoyer, car il vous faut les vaporiser doucement avec de l'eau. « L'été, c'est possible de le faire à l'extérieur, mais l'hiver, il est préférable de placer les plantes dans la baignoire et de les arroser avec de l'eau qui est à la température ambiante au moyen d'un flacon pulvérisateur à pompe », dit-elle.

Nettoyez très doucement les meubles des enfants et les gros jouets de plastique. Ne vous servez pas d'abrasif comme de la poudre à récurer, ou même de l'un de ces tampons à récurer verts, car le plastique s'érafle aisément. Lavez-les plutôt avec un linge doux et une solution composée d'un bouchon de détergent liquide pour la vaisselle de marque Ivory, pour un gallon (3,8 l) d'eau, puis essuyez-les avec un linge humide et asséchez-les.

Nettoyez les petits jouets de plastique dans le lave-vaisselle. Les cadeaux publicitaires Joyeux festin, les hochets de plastique les figurines Fisher Price et Playmobil, peuvent aisément se laver dans le lave-vaisselle en les insérant dans un sac de mailles ou dans le panier à argenterie. Tout comme dans le cas des verres en plastique, frottez un peu de bicarbonate de soude sur tout résidu qui semble tenace avant de remplir la machine.

Colorier les éraflures. Si vous remarquez de fines éraflures sur les meubles en bois, pensez tout de suite à la boîte de crayons de vos enfants. Prenez le temps d'assortir la couleur puis déplacez le crayon sur l'éraflure et grattez l'excédent avec un carton d'allumettes ou une carte de crédit. Frottez ensuite l'endroit avec un peu de cire ou d'huile de citron. Si vous avez du temps et de l'énergie et que vous voulez que la couleur corresponde vraiment, vous pouvez acheter des crayons pour meubles dans la plupart des magasins spécialisés dans les accessoires pour la maison. La méthode d'application est à peu près la même.

Attaquez-vous aux taches endurcies avec la ténacité des Tartares. S'il y a des taches sur vos meubles ou sur vos jouets de plastique, jetez un coup d'œil dans l'allée des produits de pâtisserie. On trouve la crème de tartre aux côtés de la farine et du sucre, probablement près de la levure chimique et de la fécule de maïs. Mélangez une cuillère à soupe (9 g) de cet ingrédient avec une cuillère à soupe (15 ml) de jus de citron ou de vinaigre blanc, et frottez la tache avec cette pâte que vous déposez sur un coton-tige. Laissez-la reposer pendant une demi-heure puis essuyez. Si la tache n'est pas complètement disparue, elle devrait tout de même être plus facile à enlever.

Chaque fois que vous vous attaquez au sofa, enlevez les coussins.
C'est là que la saleté, le sable et, heureusement, la petite monnaie, se
déposent. Assurez-vous de brosser les coussins avec un petit balai
ou avec l'accessoire pour meuble de l'aspirateur. Répétez l'exercice
pour enlever la saleté sous les coussins.

Si vous avez des chiens, couvrez votre sofa. Si vos chiens ont tendance à se jucher sur le sofa, adaptez-vous, dit Susan Castle de
Chattanooga, au Tennessee. Acheteuse expérimentée d'articles
ménagers au détail et jadis propriétaire d'un magasin de lampes,
Susan a aussi trois bassets allemands. Au lieu de lutter contre leur
penchant, elle achète des couvre-lits et les pose sur le sofa et leurs
chaises préférées. « Dans mon cas, des nappes résistantes sont la
meilleure solution. On peut les acheter dans un grand magasin, au
rayon de la literie, dit-elle. Il semble que ce soit la meilleure façon de
trouver quelque chose qui paraît bien et qui est assorti au décor du
salon. » Des housses de laine polaire lavables sont aussi un excellent choix, dit-elle, parce que les chiens les aiment beaucoup, et vous

pouvez les enlever rapidement pour les jeter dans la laveuse si des personnes qui ont tendance à être allergiques viennent s'asseoir sur le canapé où les chiens se sont allongés précédemment.

Aérez un peu la pièce quand vous allumez un feu de foyer. Lorsque vous allumez un feu de foyer, ouvrez une fenêtre de cinq à sept centimètres pour éviter que la pièce soit enfumée. L'air de la fenêtre montera par la cheminée. Pour vous en assurer, faites un test en allumant une allumette et en la soufflant, puis observez où se dirige la fumée.

Posez une carpette devant le foyer pour empêcher la suie de se déposer sur le tapis. Achetez une carpette qui ne peut s'enflammer, à la boutique d'articles pour le foyer. Placez-la devant l'âtre ou le foyer et les étincelles ne produiront pas d'affreuses marques sur votre tapis.

Servez-vous d'un mitron de cheminée. Un mitron préviendra les dommages causés par l'eau et empêchera les écureuils et autres compères de se nicher dans la cheminée. De plus, la cheminée ne sera pas bloquée par des débris causant ainsi un retour de monoxyde de carbone dans la maison.

Les labradors (et autres chiens) adorent le cuir. Chaque fois que vous achetez un sofa, choisissez-en un en cuir si vous avez des chiens. Joan Kennedy, propriétaire d'une maison d'époque et de deux jeunes Westies à Hampton, en Virginie, est presque fanatique des sofas de cuir. « C'est fantastique pour quiconque est allergique, dit-elle. Contrairement aux sofas en tissu, les sofas de cuir n'absorbent pas les odeurs de chien. Ils sont faciles à nettoyer : vous n'avez qu'à les essuyer avec un linge juste assez humide pour enlever la saleté et le poil de chien, et vous terminez par un séchage rapide avec un linge sec. »

Nettoyez les portes du poêle à bois et du foyer. Nettoyez les taches tenaces sur les portes des poêles à bois et des foyers en grattant les taches (soyez prudent !) avec une lame de rasoir ou un couteau de précision. Assurez-vous d'abord que les portes soient froides. Puis commencez par les plus petites taches en les épongeant avec un mélange d'un gallon (3,8 l) d'eau et 1 tasse (250 ml) de vinaigre blanc. Essuyez la solution avec un essuie-tout ou un linge non pelucheux. Vous pouvez aussi vous procurer un produit nettoyant pour verre de foyer dans un magasin d'articles pour le foyer, mais vous devrez probablement aussi gratter les taches avec une lame de rasoir si vous n'avez pas fait de nettoyage depuis un bon moment.

Nettoyez l'ardoise du foyer avec de l'eau chaude et un linge sec. Puis essuyez-la avec un linge doux imbibé d'huile de citron pour faire luire le tout. Si le linge commence à se salir, frottez la saleté que l'eau n'a pas recueillie avec l'huile de citron, puis appliquez une seconde couche pour faire briller.

Prodiges annuels

Si vous habitez dans votre maison depuis plus d'un an, vous devriez songer à laver les murs du salon ou de la salle familiale, surtout si vous possédez un foyer au bois ou au gaz. Lavez un mur à la fois, et une fois que vous aurez rassemblé les fournitures nécessaires et que vous aurez enlevé tout ce qui se trouvait sur le mur, l'opération ne prendra que 10 minutes. Même si vous ne pouvez voir la différence au premier coup d'œil, vous enlèverez beaucoup de gras et de saleté. L'air sera rafraîchi et on respirera mieux. Voici comment procéder :

1. Assurez-vous de retirer tout meuble près du mur en question et de le recouvrir avec des journaux ou un vieux drap.

2. Enlevez les photographies encadrées et les affiches du mur, mais laissez les clous en place; accrochez aux clous de petits morceaux d'éponge pour protéger vos mains des entailles.

3. Préparez une solution nettoyante pour laver le mur, en mélangeant 1 gallon (3,8 l) d'eau chaude, ¼ de tasse (60 ml) de nettoyant à base de soude (vous trouverez un

nettoyant du type Arm & Hammer près du détergent à lessive au magasin), ¼ de tasse (60 ml) de vinaigre blanc, et ½ tasse (120 ml) d'ammoniaque.

4. Trempez une éponge naturelle dans la solution pour essuyer le mur de bas en haut, trempant régulièrement l'éponge dans le mélange d'ammoniaque et rafraîchissant la solution quand elle commence à ressembler à du thé.

5. Demandez à un ami ou à l'un des enfants de tenir l'escabeau si vous devez atteindre les taches situées très haut, mais laissez le seau sur le sol et ne montez les marches de l'escabeau qu'avec l'éponge.

✳

Enlevez la poussière des rideaux légers en les mettant au sèche-linge. Réglez la machine au cycle sans chaleur pendant 10 à 15 minutes, et le filtre à charpie devrait pouvoir enlever la majorité de la poussière.

Enlevez la poussière des draperies lourdes avec la brosse souple de l'aspirateur. Pour empêcher que la succion ne tire sur les draperies au lieu d'enlever la poussière, enroulez le pied d'un collant autour de l'embout.

Humectez vos draperies. Pour un nettoyage rapide des draperies de velours, trempez un linge en chamois dans l'eau chaude. Tordez-le complètement et brossez doucement les rideaux.

Chapitre 8

Une cuisine plus propre

Essuyez les comptoirs avec un linge humide, et non un linge mouillé. Une accumulation d'eau sur les comptoirs produira des marques, et peut même causer de la moisissure ou héberger des bactéries. Pour vous assurer que votre comptoir sèche rapidement et complètement, sans devoir recourir à une serviette, tordez bien le linge avec lequel vous le lavez : grosso modo, il devrait être aussi humide que les vêtements qui sortent de la lessive après le cycle d'essorage. En fait, voilà une bonne occasion d'essuyer le comptoir — juste au moment où vos torchons sortent de la machine à laver.

Utilisez un détachant mousseux pour les surfaces verticales de l'extérieur du réfrigérateur. La mousse adhère bien et il ne faut que quelques minutes au produit pour enlever la saleté avant de descendre en glissant le long du côté.

Nettoyez régulièrement les chaises de vinyle. Pour empêcher l'huile produite par le corps de durcir le vinyle sur les chaises de cuisine, et de les faire craqueler, nettoyez-les souvent. Faites disparaître l'huile elle-même (habituellement à l'endroit où votre cou touche la chaise et sur les accoudoirs) avec une éponge humide saupoudrée de bicarbonate de soude. Lavez le reste avec une solution peu concentrée d'eau et de détergent liquide pour la vaisselle. Les détergents pour la vaisselle conçus pour enlever la graisse sont idéals, mais n'en utilisez qu'une goutte ou deux par gallon (3,8 l) d'eau chaude.

Faites tomber les miettes de la table dans votre main et non sur le plancher. Il est plus facile de nettoyer les débris de la table de cuisine en les laissant tomber sur le plancher ; on peut penser que l'on s'en occupera plus tard, mais trop souvent, ce plus tard n'arrive jamais. Sans compter qu'il est plus difficile de se pencher pour enlever ces débris du plancher que de simplement déposer les miettes dans la poubelle en premier lieu. Essuyez les tables et les comptoirs avec une guenille à peine humide, que vous disposez en forme de cornet, puis poussez les débris dans votre autre main placée juste au bord, sous la surface plane. Si vous êtes facilement dégoûté de toucher des particules inconnues provenant du comptoir, servez-vous d'un ramasse-poussière pour attraper les miettes.

Soyez prudent

Les appareils et les surfaces de cuisine subissent souvent de mauvais traitements. N'empirez pas les choses en vous servant d'un produit d'entretien inadéquat.

- **Ne vous servez de détergent pour lave-vaisselle que dans le lave-vaisselle.** Le détergent liquide pour la vaisselle est un nettoyant tout usage extraordinaire, mais les détergents à vaisselle (du type de Cascade) sont conçus seulement pour les lave-vaisselle. D'après la Soap and Detergent Association, située à Washington, D.C. vous ne devriez pas vous en servir pour les éviers, les fenêtres, les planchers ou les vêtements, étant donné que sa formule lave extraordinairement bien les assiettes, mais risque d'endommager certaines surfaces.

- **N'utilisez pas de détachant orange dans le voisinage des appareils de cuisine.** Les pratiques produits d'entretien orange peuvent contenir des distillats de pétrole, qui détériorent le caoutchouc scellant autour des réfrigérateurs et des lave-vaisselle. Servez-vous plutôt d'un pulvérisateur que vous aurez rempli à moitié d'eau et auquel vous aurez ajouté une goutte de savon liquide

Ivory, ce qui peut servir de nettoyant tout usage pour toutes les surfaces de la cuisine. Essuyez les surfaces nettoyées avec un linge propre et doux ou avec des serviettes en papier.

- Servez-vous d'Ivory liquide sur les comptoirs de marbre. Et assurez-vous ensuite de bien assécher le comptoir pour ne pas laisser de marques d'eau. Une solution plus forte, surtout l'acide dans les nettoyants à base de vinaigre ou d'orange, endommagerait la surface.

- Dorlotez les comptoirs de granite. Le granite est populaire pour les planchers et les comptoirs à cause de sa dureté et de sa durabilité, mais il ne peut supporter les nettoyants corrosifs. Assurez-vous d'essuyer les comptoirs avec juste un peu d'eau tiède ou un détachant commercial pour granite, sinon la surface se ternira, et cela sera peut-être irréversible.

- Vérifiez l'étiquette avant de vous servir de nettoyants commerciaux sur les carreaux de céramique. Vous pouvez nettoyer les carreaux de comptoir avec à peu près n'importe quel produit — du 409 jusqu'au vinaigre —, vérifiez d'abord l'étiquette de chaque produit avant de l'utiliser pour vous assurer qu'il est sécuritaire.

Préférez la sécurité au regret !

- **Soyez très prudent quand vous nettoyez des surfaces en bois.** Ne vous servez pas de tampons à récurer, de brosses à récurage, ou autres articles qui peuvent érafler le bois lorsque vous essuyez les armoires de cuisine et autres surfaces en bois. Avant d'utiliser un détachant tout usage pour la maison, lisez l'étiquette avec attention : assurez-vous que ce produit ne ruinera pas le fini du bois, et même alors, faites d'abord un test sur une partie non visible.

Gardez sous la main un vaporisateur rempli d'alcool à friction pour pulvériser les taches.
Vaporisez les taches et essuyez-les avec une serviette en papier ou un linge propre avant qu'elles ne s'incrustent, dit Louise Kurzeka, copropriétaire, avec Pam Hix, de Everything's Together, une entreprise spécialisée dans l'organisation, dont le centre d'opération est situé dans la région de Minneapolis. Elles s'occupent aussi parfois

de nettoyage quand il s'agit d'un problème qui nuit à la productivité du ménage.

Servez-vous d'un plus grand bol. Voici une astuce pleine de bon sens. En règle générale, servez-vous d'un bol beaucoup plus large que nécessaire lorsque vous mélangez des ingrédients et utilisez une grande casserole quand vous cuisinez. Cela préviendra les éclaboussures et les dégâts.

Lorsque vous dégivrez un congélateur horizontal, servez-vous d'un balai-éponge propre pour essuyer le fond.
Quand vous avez ramassé l'eau qui a dégelé à l'aide du balai-éponge, assurez-vous que votre réfrigérateur sente bon en l'épongeant à nouveau avec une solution d'un ¼ de tasse (55 g) de bicarbonate de soude dissout dans un gallon d'eau (3,8 l), à la température de la pièce.

Réservez la propriété autonettoyante du four pour les « gros nettoyages » et utilisez le bicarbonate de soude pour les petits dégâts. Si vous possédez un four autonettoyant, il ne vaut pas la peine de vous en servir chaque fois qu'une tourtière déborde. La fonction autonettoyante exige une grande quantité d'énergie et vous empêche de pouvoir utiliser votre four pendant plusieurs heures. Pour que le four soit propre entre les nettoyages, servez-vous de bicarbonate de soude et de patience. Saupoudrez environ 6,25 mm de bicarbonate de soude sur le dégât (ou sur toute la surface du fond si nécessaire), puis humectez le bicarbonate de soude avec l'eau d'un vaporisateur. Laissez le produit travailler pendant quelques heures, puis humectez de nouveau la tache. Humectez-la une fois de plus avant d'aller au lit et, au réveil, recueillez le bicarbonate de soude et le résidu du four en vous servant d'une éponge. Par après, rincez le résidu blanc avec une serviette en papier imbibée de vinaigre dilué dans l'eau.

Si vous nettoyez le four avec un produit commercial, faites-y ensuite cuire quelques pelures d'orange. Faites cuire au four, à 350 °F (180 °C, ou au niveau 4 du four à gaz), deux ou trois pelures d'orange pendant une demi-heure. Débarrassez-vous ainsi de cette odeur subsistante de détachant pour le four, dit Jill Kendall Williams, une traiteuse expérimentée qui habite à Knoxville, au Tennessee.

Nettoyez aussi sous les gros appareils. Étirez une chaussette fine sur une mesure d'un mètre et glissez-la sous le poêle ou sous le réfrigérateur pour ramasser les chatons et la peluche.

10 minutes de prévention

Il est beaucoup plus facile de prévenir la croissance de bactéries que de devoir recourir à des produits chimiques corrosifs ou à un dur frottage plus tard pour s'en débarrasser. Voici comment :

- ✓ Rangez les serviettes à main et les linges à vaisselle séparément. Ainsi, vous ne serez pas inquiet à l'idée de transmettre les bactéries de vos mains aux assiettes propres.

- ✓ Blanchissez la planche à découper. Pulvérisez une solution de 1 cuillère à thé (5 ml) d'agent de blanchiment par pinte (environ 1 litre) d'eau chaude une fois par semaine, puis rincez avec de l'eau chaude. Vous retarderez ainsi la croissance des bactéries.

- ✓ Stérilisez les ustensiles avec un agent de blanchiment. Quand vous utilisez des fourchettes, des cuillères ou des couteaux pour préparer la viande crue, trempez-les immédiatement dans un contenant d'eau chaude en ajoutant une demi-cuillère à thé de solution de blanchiment.

Lavez votre réfrigérateur par section. Si la perspective de passer la journée à nettoyer le réfrigérateur ne vous enchante pas du tout, ne nettoyez qu'une section à la fois. Par exemple, videz le tiroir à viande ou une seule étagère. Saupoudrez du bicarbonate de soude sur un linge ou une éponge humide (pas mouillé !), frottez les surfaces de la zone choisie, puis essuyez-les avec un autre linge. Un autre jour, attaquez-vous à une autre section.

Nettoyez les grilles du four, et non tout le four. Pour améliorer l'apparence de votre four sale, nettoyez les grilles — il suffit de patience. Glissez-les dans un grand sac de plastique résistant que vous déposez dans la baignoire ou sous la douche, puis remplissez le sac avec de l'eau très chaude jusqu'à ce que les grilles soient recouvertes. Ajouter ¼ de tasse (60 ml) de détergent liquide pour la vaisselle spécialement conçu pour dissoudre le gras, comme du Dawn, et une tasse (250 ml) de vinaigre blanc ; brassez le tout et fermez ou attachez le sac. Laissez tremper les grilles pendant au moins trois heures. Apportez le sac scellé à l'extérieur, ouvrez-le et retirez les grilles, en espérant de laisser la saleté dans l'eau (un ajout extraordinaire pour le tas de compost). Rincez les grilles en vous servant du boyau, ou remettez-les sous la douche et ouvrez le robinet pour les rincer. Asséchez-les avec un linge.

Produits pour économiser du temps
Utilisez le Magic Eraser pour enlever la crasse sur la hotte du poêle. Étant donné son coût, le Magic Eraser de M. Net n'est pas une solution idéale pour une utilisation continuelle, ou pour les gros travaux, mais il est merveilleux pour les travaux répugnants dans la cuisine ; comme pour enlever la saleté sur la porte de la cuisinière.

Nettoyez une cafetière ou un percolateur avec un bout de citron saupoudré de sel. Frottez le morceau de citron sur la tache d'accumulation de café, puis rincez le pot avec de l'eau chaude et asséchez l'intérieur avec un linge propre.

Faites briller les appareils de cuisine en acier inoxydable, tout en enlevant les germes, en vous servant d'un désinfectant pour les mains. Si vous en achetez déjà pour l'école, pour la salle de bain, ou dans une pièce où une personne est malade, essayez du désinfectant sans eau à main pour nettoyer et polir des appareils en acier inoxydable — pas besoin de rincer !

10 minutes de prévention

Un antiadhésif en vaporisateur est un bon outil pour faciliter le nettoyage dans la cuisine. Voyez par vous-même :

- ✓ Vaporisez-le dans la mijoteuse avant d'ajouter les ingrédients ; ainsi, les résidus s'enlèvent plus facilement après la cuisson.
- ✓ Si vous vaporisez l'intérieur des contenants de plastique avec un antiadhésif avant d'y verser des aliments à base de tomate, comme de la sauce à spaghetti, vous perdrez moins de temps et d'énergie à essayer d'enlever les taches rouges huileuses.
- ✓ Vaporisez-en un peu au centre du robot culinaire pour empêcher les aliments gluants, comme la pâte, de coller.
- ✓ Quand vous cuisinez au four, recouvrez la plaque avec une feuille d'aluminium et vaporisez-la avec un aérosol de cuisson.

✳

Pour améliorer le fonctionnement de votre broyeur à déchets, jetez deux ou trois cubes de glace dans le renvoi. Si vous en avez, ajoutez deux ou trois pelures d'orange ou de citron ; nettoyez ensuite à grande eau (toujours de l'eau froide) — les agrumes sont des dégraissants naturels. Amy Witsil, ingénieure mécanicienne en formation, et mère de famille à Chapel Hill, en Caroline du Nord, combine les deux concepts. Elle fait congeler du vinaigre blanc (un autre solvant dégraissant) dans des cubes et elle en dépose deux ou trois dans le broyeur à déchets.

Bannissez les odeurs de maïs soufflé brûlé. Le maïs soufflé brûlé dégage la pire odeur qui soit ! Débarrassez-vous-en en mélangeant ½ tasse (120 ml) d'eau avec une cuillère à soupe (15 ml) de vanille ou d'extrait de citron. Mettez le mélange au four micro-ondes et portez à ébullition. Laissez le mélange à l'intérieur du four éteint pendant 12 heures ou toute la nuit. Quand vous ouvrirez le four, vous devriez être accueilli non pas par un parfum d'eau de maïs soufflé, mais par l'odeur de l'extrait que vous avez utilisé.

Laissez tomber les lingettes spéciales pour four à micro-ondes. Amy Witsil de Chapel Hill, en Caroline du Nord, travaille à domicile ; elle et ses trois enfants utilisent le four à micro-ondes plusieurs fois par jour pour le lunch et pour les collations. Le nettoyage devient une tâche assez lourde, mais elle ne voit aucune utilité à acheter ces lingettes spéciales que l'on fait chauffer dans le four à micro-ondes pour le nettoyer. « Même si mon mari, Matt, et moi n'avons que quarante ans, nous pensons déjà à réduire nos effectifs ; je refuse de donner de l'espace de rangement à un tel produit quand on peut tout simplement utiliser une assiette à tarte où on a versé un pouce (2,5 cm) d'une solution composée d'une moitié d'eau et d'une moitié de vinaigre blanc. Chauffez le tout à la température la plus élevée pendant trois minutes ; la vapeur relâchera ces taches tenaces et incrustées, et il sera ainsi plus facile d'essuyer l'intérieur avec des serviettes en papier ou un linge propre.

Laissez le mélangeur se nettoyer lui-même. Il n'est pas nécessaire de démonter les mélangeurs pour les laver. Ils peuvent tout aussi bien, et peut-être même plus efficacement, se laver eux-mêmes. C'est sûrement la meilleure approche pour les appareils qui ne sont pas démontables. Remplissez l'unité encore assemblée jusqu'à la moitié avec de l'eau, ajoutez une goutte de détergent liquide à vaisselle et quatre cubes de glace, mélangez le tout à la vitesse la plus élevée pendant une minute. Voici un autre avantage à cette méthode : vous disposez maintenant d'une cruche d'eau savonneuse à verser sur les assiettes en train de tremper ou sur les plantes d'intérieur. (Une telle solution, très diluée d'eau savonneuse, tue les insectes nuisibles des plantes d'intérieur, sans devoir recourir à des produits chimiques toxiques.) Rincez le mélangeur et déposez-le à l'envers sur une serviette pour le faire sécher.

Utilisez du riz pour nettoyer un moulin à café. Déposez ½ tasse (95 gr) de riz sec dans le moulin pour nettoyer et aiguiser les lames. Si vous n'avez pas l'intention de faire cuire le reste du riz, achetez la variété la moins dispendieuse — le broyeur ne verra pas la différence.

Laissez la mijoteuse se nettoyer elle-même. Versez de l'eau savonneuse (utilisez environ la même concentration que lorsque vous lavez la vaisselle à la main) dans votre mijoteuse et laissez-la chauffer au plus haut degré pendant au moins une heure avant de la rincer.

Soyez prudent

- **N'immergez jamais, jamais, un appareil électrique pour le laver.** Ceci inclut les mijoteuses, les cafetières, les grille-pain, les moulins à café, les gaufriers, les mélangeurs et les poêlons électriques.

- **Ne vaporisez jamais de la solution de nettoyage directement sur un appareil électrique.** Cela pourrait mal tourner et causer toutes sortes de réactions combustibles. Vaporisez plutôt la solution de nettoyage (après avoir lu les instructions pour vous assurer que c'est approprié) sur un linge, une éponge, ou une serviette en papier que vous utiliserez pour essuyer l'appareil.

Laissez toujours refroidir un four-grilloir avant de le nettoyer. Une fois qu'il est froid, retirez les treillis métalliques et nettoyez-les dans l'évier avec une brosse en nylon ou un tampon à récurer savonneux. Essuyez l'extérieur avec un agent abrasif doux comme Soft Scrub ou un peu de bicarbonate de soude sur une éponge. Essuyez ensuite avec une éponge humide et séchez la surface pour lui donner un lustre. Si les côtés sont en plastique, nettoyez-les avec du détergent liquide pour la vaisselle dilué dans l'eau, ou du bicarbonate de soude sur une éponge mouillée. Nettoyez souvent le plateau à miettes, sinon le four-grilloir risque de prendre feu.

Renversez le grille-pain pour le nettoyer. Tenez le grille-pain au-dessus de la poubelle, cognez-le assez fort pour déloger les miettes (ou enlevez et nettoyez le plateau à miettes du fond, si la méthode pour le faire est évidente, ou si vous disposez encore des instructions du fabricant). Nettoyez l'intérieur et vaporisez du nettoyant à vitres sur une éponge et frottez-la gentiment jusqu'à ce que le grille-pain reluise. On peut nettoyer les grille-pain pourvus de côtés en plastique avec du détergent liquide pour la vaisselle ou avec un mélange de bicarbonate de soude et d'eau.

Gardez un bouchon dans votre évier. Si vous ne faites qu'une seule chose pour améliorer le processus de transformation de la vaisselle sale en vaisselle propre, voyez à ce que tous vos bouchons soient opérationnels. Même si vous devez remplacer chaque mois le système d'évacuation à clapet, ou appeler le plombier pour qu'il ajuste les autres. Il n'y a rien de pire que de penser que vous faites tremper les assiettes, pour finalement vous rendre compte qu'il n'y a dans l'évier que quelques résidus de mousse et une pile d'assiettes sales. Sans compter que toute assiette demeurée là pendant un moment, sans être trempée, demandera plus de temps pour être nettoyée. De plus, un bouchon fonctionnel, que l'on peut effectivement desserrer pour laisser écouler l'eau alors qu'il retient les débris, diminuera grandement les risques de trouver des restes qui pourrissent au fond de l'évier.

Modifiez vos habitudes

Les mythes abondent sur la façon d'avoir une cuisine propre.

- **Il vaut mieux ne pas avoir d'éponge que d'avoir une éponge sale.** Cela peut vous étonner, mais il est fort possible que les gens négligés aient des cuisines plus salubres que les maniaques de la propreté puisqu'il est moins probable qu'ils essuient leur comptoir avec une éponge chargée de bactéries. Prenez toujours le temps de sentir l'éponge avant de l'utiliser, et préférez-lui un linge de coton humide qu'il est plus facile de jeter dans la lessive lorsqu'il est sale. Vous pouvez aussi faire en sorte qu'une nouvelle éponge — ou une éponge propre — reste propre en la déposant avec les assiettes dans le lave-vaisselle. Sinon, abandonnez l'idée de vous servir d'une éponge dont l'odeur est suspecte et achetez-en une nouvelle, ou passez aux linges en coton pour la vaisselle.

- **Mettez le lave-vaisselle en marche même s'il n'est qu'à moitié plein.** On gaspille d'innombrables heures à faire tremper les assiettes qui sont restées plusieurs jours dans l'évier. On attend d'en avoir assez pour remplir le lave-vaisselle, ou perd du temps à relaver des assiettes sur lesquelles une pellicule s'est développée pendant qu'elle était dans le lave-vaisselle, parce qu'il y avait du lait ou du fromage fondu dans le fond. Il est bien plus efficace de mettre la machine en marche lorsque la laveuse est à moitié pleine. Mettez moins de détergent et utilisez un cycle court si vous en avez un ; mais surtout, voyez à ce que les assiettes ne traînent pas et à la longue, vous économiserez savon, eau, et énergie.

Même si vous avez un lave-vaisselle, vous pouvez laver les assiettes à la main. Comme corollaire au lave-vaisselle à moitié plein, il est aussi préférable de laver, de sécher à la main et de ranger le peu de vaisselle qui ne suffirait pas à remplir une machine, ou pour lesquelles il n'y a plus assez de place dans le lave-vaisselle. Si vous attendez qu'il y ait assez de vaisselle pour remplir la prochaine machine, elle sera peut-être plus difficile à laver à mesure que le temps passera.

Gardez des morceaux de journaux sous la main pour vider les assiettes. Si des gens dans votre ménage semblent avoir de la difficulté à nettoyer les restes de nourriture de leur assiette, ou s'il y a toujours quelques fèves poisseuses collées au fond d'une casserole, sortez vos ciseaux : découpez une section de journal noir et blanc en carrés de 15 cm et servez-vous-en comme grattoir jetable — laissez-les à votre disposition près de la poubelle. Cette stratégie pourrait vous débarrasser de cette substance visqueuse qui nage dans votre lave-vaisselle, ou des croûtes qui se forment sur les assiettes non lavées. La nourriture peut très bien adhérer au journal, puisque vous n'avez pas à le nettoyer ensuite — contrairement à une fourchette ou à une cuillère ; et cette méthode n'éraflera pas non plus le fini des assiettes ou des casseroles. Mais laissez le journal sécher pendant trois jours avant de vous en servir pour cet usage afin de ne pas maculer vos mains.

Produits pour économiser du temps
Trempez l'argenterie dans un liquide pétillant. Si vous pouvez acheter 2 litres d'eau carbonatée d'une marque maison peu dispendieuse, mettez-les de côté et réservez-les pour nettoyer l'argenterie que vous n'utilisez pas et que vous avez laissée sortie pendant un moment, recommande Keith Anders, un Marine retraité maintenant gestionnaire d'équipe au restaurant Mellow Mushroom à Knoxville, au Tennessee. « C'est ce que nous utilisons pour tremper l'argenterie avant de la mettre au lave-vaisselle, et cette méthode a pour effet de commencer à dissoudre autant la vinaigrette que la sauce tomate, sans tacher l'acier inoxydable », dit Keith. Pour ce qui est de votre propre cuisine, versez l'eau carbonatée dans un moule à pain et ajoutez environ une tasse (250 ml) d'eau bouillante pour un peu plus de punch.

✳

Entre les tâches, congelez les tampons à récurer savonneux. Pour éviter qu'un tampon ne rouille ou que son savon ne dégouline tout autour de l'évier, glissez-le dans un sac de plastique réutilisable, immédiatement après l'avoir utilisé. Rangez le tout au congélateur jusqu'à ce que vous en ayez besoin de nouveau. Lorsque vous le sortez du congélateur, vous n'avez qu'à le décongeler en le passant à l'eau chaude.

Appliquez-vous à nettoyer les armoires graisseuses. Lorsque vient le temps de nettoyer les armoires sales, le gras est le grand coupable. Mélangez donc une partie de détergent doux à lessive (la sorte dont on vante la capacité de lutter contre le gras), avec deux parties d'eau chaude ; trempez-y une éponge et essuyez l'extérieur de vos armoires et de vos tiroirs de rangement de la cuisine. Puisque les doigts collants laissent constamment un peu de saleté derrière, portez une attention particulière aux poignées de porte et aux poignées des tiroirs.

Enlevez tout le contenu d'une armoire, puis essuyez les tablettes avec de l'eau chaude. De l'eau chaude — tout simplement — fait habituellement l'affaire. Sinon, vaporisez encore un peu d'eau chaude sur l'étagère (ou sur le miel, ou toutes autres taches collantes), suivi par du bicarbonate de soude. Laissez reposer pendant 20 minutes puis essuyez avec un linge humide.

Utilisez de la cire pour automobile pour un fini magnifique.
Essuyez l'extérieur des armoires en bois avec une couche très légère de cire pour automobile. Laissez sécher, puis polissez.

Lorsque vous lavez avec du bicarbonate de soude, portez des gants.
Même s'il est facile et sécuritaire pour l'environnement de tout laver — des brûleurs de la cuisinière aux murs — avec du bicarbonate de soude ou du carbonate de sodium, ce produit risque d'assécher vos mains. Lorsque vous l'utilisez, pensez à porter des gants et saupoudrez d'abord un peu de talc à l'intérieur pour vous assurer qu'ils ne collent pas sur vos mains et que votre peau ne sente pas le caoutchouc.

Nettoyez vert

Voici ce dont les gens soucieux de l'environnement se servent pour nettoyer la cuisine.

- **Utilisez du vinaigre au lieu d'une solution de rinçage commerciale pour enlever les taches dans le lave-vaisselle.** « Vous n'avez qu'à remplir le petit réceptacle dans votre lave-vaisselle avec du vinaigre blanc non dilué ; votre verrerie sera immaculée et vos assiettes seront propres », dit Jill Kendall Williams, traiteuse d'expérience et créateur Web pour le réseau Home and Garden Television, à Knoxville, au Tennessee. Pour prévenir les taches sur les assiettes, dit Jill, pensez comme un astronaute : « Ajoutez une cuillère à thé de jus pour le petit-déjeuner à saveur d'orange à votre détergent en poudre. Versez d'abord le détergent dans la machine, puis versez le jus sur le dessus et fermez le compartiment. »

- **Une solution mi-vinaigre, mi-eau, sur une éponge, nettoie les résidus sur les portes d'armoire.** Pour nettoyer une accumulation inhabituelle de saleté, faites l'essai de vinaigre non dilué ou confectionnez une pâte de la consistance du yogourt avec du bicarbonate de soude et de l'eau.

Réorganisez vos étagères avec des boîtes ordinaires. Une fois que vous avez tout sorti de vos armoires pour en nettoyer les étagères, vous pouvez vous faciliter les choses pour la prochaine corvée. Vos produits d'épicerie resteront mieux ordonnés si vous les regroupez selon leur utilisation. Par exemple, placez toutes les boîtes de céréales pour petit-déjeuner dans une boîte plus large, et toutes les enveloppes d'assaisonnement — du chili aux vinaigrettes —, dans une boîte à chaussures dans laquelle vous pourrez fouiller comme dans une boîte de fiches d'index. Il n'est pas nécessaire de mettre un couvercle à moins que vous ne le souhaitiez, mais assurez-vous d'étiqueter chaque boîte pour savoir laquelle il vous faut sortir au besoin.

Rangez vos ingrédients dans des contenants en plastique, plutôt qu'en céramique. Placez les ingrédients pour la boulangerie, la pâtisserie et le café dans des contenants en plastique ou des cruches plutôt que dans des boîtes en céramique. Ainsi, vous pouvez les dissimuler dans les armoires ; et les ingrédients demeurent plus frais dans le plastique.

Classez tous les articles plats. Rangez les plaques de cuisson et les planches à découper à la verticale dans une boîte de classement en métal ou en plastique.

Accrochez vos tabliers sur un portemanteau. Au lieu de toujours essayer de les entasser dans un tiroir trop étroit ou sur un crochet, installez un portemanteau dont vous ne vous servez pas dans la cuisine pour suspendre les tabliers et les gants de cuisine.

Laissez tomber le panier à vaisselle. Si vous ne lavez pas souvent la vaisselle à la main, débarrassez-vous du panier encombrant pour faire égoutter la vaisselle. Servez-vous plutôt d'une serviette de bain propre pour les rares occasions où vous devez laisser sécher la vaisselle à l'air.

Recyclez les contenants en plastique. Vous l'avez entendu auparavant et vous l'entendrez encore, mais les contenants non assortis prennent beaucoup d'espace dans la cuisine, et cela n'aide vraiment pas votre cause. Prenez le temps de vérifier quelles pièces sont assorties et lesquelles sont utilisées au moins une fois par semaine. Pour vous donner bonne conscience à propos de celles dont vous vous déferez, voyez à les recycler ou faites-en don à un refuge pour animaux.

10 minutes de prévention

Gagnez de l'espace et prévenez les dégâts dans le réfrigérateur et dans le garde-manger en vous servant de ces astuces pour économiser temps et travail.

- Gardez sur votre réfrigérateur les noms et les heures d'ouverture d'un garde-manger communautaire ; vous pourrez donner les aliments dont la famille ne veut pas lorsqu'ils sont encore bons pour quelqu'un d'autre.

- Acheter moins de produits afin de limiter le désordre et le gaspillage de nourriture fraîche dans votre réfrigérateur. Ne faites vos achats que pour quelques repas, et n'achetez lait, viande, fruits et légumes frais que pour votre consommation de quelques jours. Conservez un paquet de pâtes et un pot de sauce gourmet à la main pour les invités inattendus.

- Afin de faciliter la recherche de produits dans le réfrigérateur, placez-y un plateau tournant — de plus, vous n'achèterez pas en double simplement parce que vous êtes incapable de trouver un produit.

✓ Pour éviter les achats en double et les produits qui se gâteront avant que vous n'ayez le temps de les utiliser, vérifiez le contenu de votre réfrigérateur avant d'aller faire l'épicerie (ou même, avant de préparer votre liste).

Chapitre 9

Une salle de bain
sans bactéries

**Pour le nettoyage de la salle de bain, suivez cette règle : asséchez
d'abord, mouillez ensuite.** Avant de commencer à utiliser des vaporisateurs et de l'eau, passez le balai sur le plancher ; vous éviterez
ainsi de mouiller la saleté et de la répandre dans toute la salle de
bain. Vous pourriez aussi apporter l'aspirateur et utilisez le boyau
pour nettoyer le plancher, les coins, les appuis de fenêtres et autres
surfaces sales, mais sèches. Il est beaucoup plus facile de vider un
aspirateur que de nettoyer des cheveux, des morceaux de papier et
autres débris lorsqu'ils sont mouillés.

Déposez un tapis sans endos dans une brassée normale du lavage.
Les tapis de salle de bain sans endos ne requièrent pas de traitement
particulier ; vous pouvez les laver avec le reste de votre lessive et
les faire sécher à un cycle à faible chaleur. Les tapis recouverts d'un
endos (la prochaine fois, vous en achèterez un sans endos) doivent
être lavés seuls, à l'eau chaude et séchés à l'air. Si vous le voulez,
lorsqu'elle est presque sèche, placez une carpette de ce type dans le
sèche-linge pendant 10 minutes au cycle « séchage par culbutage à
basse température » ou « séchage à basse température » ; ainsi la
peluche se dégagera des poils du tapis pour se ramasser dans le
filtre à charpie.

Lavez un tapis antidérapant pour la baignoire avec les serviettes.
Vous pouvez laver un tapis en caoutchouc (ou en vinyle) recouvert
de taches de moisissure (le modèle pourvu de ventouses) dans la
machine à laver les vêtements, mais vous améliorerez vos chances
de bien le nettoyer si vous ajoutez des serviettes de ratine à la même
brassée. Les serviettes et le tapis se frotteront l'un contre l'autre
pendant les cycles de lavage et de rinçage, ce qui nettoiera efficacement le tapis.

Nettoyez vert

Le bicarbonate de soude est un produit de base pour la salle de bain. Comme membre coordinatrice de la coopérative Blue Hill à Blue Hill, dans le Maine, Toby Klein désire ardemment faciliter l'accès à la nourriture diététique aux membres de la communauté. Ses valeurs « vertes » ne s'arrêtent pas non plus à la porte de la salle de bain, et c'est pourquoi elle se sert de bicarbonate de soude pour y nettoyer toutes les surfaces sauf la fenêtre et le miroir. « Je l'utilise à la place de la poudre à récurer chimique, pour me débarrasser de la saleté dans la baignoire ou dans l'évier. Je répands un peu de bicarbonate de soude, que j'asperge avec un peu d'eau, et je laisse le produit agir pendant un moment avant de frotter le tout avec un linge propre usé. Dans le cas du chrome et des taches plus résistantes, je fabrique une pâte avec du bicarbonate de soude et je me sers de ce mélange. » Le bicarbonate de soude est aussi pratique pour nettoyer les carreaux de la salle de bain. Vous n'avez qu'à en saupoudrer un peu, frotter avec un linge humide, puis essuyer le tout avec un balai à franges humide ou une éponge. Toby ajoute que vous pouvez même vous servir d'un produit générique de bicarbonate de soude si vous voulez économiser quelques sous. « N'importe quelle marque fera l'affaire, car vous n'avez pas besoin d'une formule précise comme s'il s'agissait d'une recette de cuisine. »

Plutôt que de vous servir de l'évier ou de la baignoire, utilisez un seau. La traditionnelle sagesse suggère de nettoyer la baignoire ou l'évier en dernier, de façon à pouvoir l'utiliser en même temps comme contenant de fortune pour votre eau savonneuse. La vérité, c'est qu'il faut beaucoup plus de temps pour laver un cerne sale autour de la baignoire ou de l'évier que d'utiliser un seau pour le détergent et l'eau de rinçage. Mais assurez-vous de ne remplir le seau qu'à moitié pour être capable de le transporter à l'extérieur afin de le verser sans répandre l'eau tout au long du trajet. Vous pouvez aussi réutiliser l'eau du seau — en la versant dans le compost, par exemple — si elle ne contient pas de produits chimiques bien entendu. Si le sceau contient surtout de l'eau sale et du détergent à vaisselle, servez-vous-en pour arroser les plantes que vous avez astucieusement plantées sous la fenêtre de la salle de bain.

Produits pour économiser du temps

Gardez dans la salle de bain, avec vos produits de nettoyage, une brosse à vaisselle qui a un manche de 20 à 25 cm. Offerte dans l'allée des détergents dans tout épicerie ou magasin à rabais, les brins solides de la brosse, et sa capacité d'atteindre à peu près n'importe quel endroit, vous permettent de frotter les carreaux autour de la baignoire et d'atteindre les endroits difficiles — derrière la toilette, disons, ou tout à fait dans les coins autour de la baignoire.

Tuez la moisissure sur les carreaux ou sur le coulis en utilisant un produit à blanchir au chlore. Mélangez une partie d'eau de Javel et deux parties d'eau dans un vaporisateur étiqueté que vous réservez pour ce type d'application. La surface devrait être sèche avant que vous ne commenciez, et vous devriez d'abord faire un test sur un endroit peu visible pour vous assurer que vous n'endommagerez pas le fini. Vaporisez le mélange d'eau de Javel sur la moisissure, et laissez tremper le tout pendant 10 à 15 minutes. Frottez avec une brosse et rincez à fond. Ne respirez pas le produit d'eau de Javel et aérez bien la pièce pendant que vous travaillez et pendant plusieurs heures ensuite. Si vous préférez ne pas utiliser de l'eau de Javel, faites l'essai d'un produit commercial oxygéné comme le concentré d'agrumes Bio-OX.

Récurez votre baignoire, nettoyez votre balai. S'il vous est difficile de vous agenouiller pour frotter le fond de la baignoire avec de la poudre à récurer, essayez de frotter la poudre avec un balai tout en l'envoyant vers le drain. Rincez ensuite avec une douche à main réglée au jet puissant. À la fin, quand vous rincez les extrémités du balai, et il se nettoiera en même temps que la baignoire.

Produits pour économiser du temps

Utilisez du détergent liquide à lessive pour nettoyer les baignoires sales. Si la vôtre est vraiment crasseuse, essuyez-la avec une éponge et une goutte de détergent liquide à lessive dans un gallon d'eau. Laissez le tout reposer un moment avant de frotter et de rincer. Répétez au besoin. Votre baignoire recommencera ainsi à correspondre aux normes des services de santé. Cette méthode vous permet aussi d'éliminer la décoloration causée par l'eau dure sur les murs autour de la baignoire.

Ne vous servez pas d'une brosse à dents usagée. Bien sûr, il est pratique d'avoir une petite brosse pour frotter le coulis entre les carreaux, mais n'utilisez pas celle qui a servi pour brosser des dents humaines. Ce ne serait qu'une invitation à propager les germes ! Achetez plutôt de nouvelles brosses à dents au magasin à un dollar. Entre chaque utilisation, trempez les extrémités dans du peroxyde d'hydrogène et rincez à fond avec de l'eau bouillante.

Blanchissez la saleté et la moisissure. Lorsque le nettoyant ordinaire ne réussit pas à enlever la saleté et la moisissure, faites l'essai de cette solution de blanchiment. Combinez l'eau et l'eau de Javel en parties égales. L'eau de Javel tue les moisissures et enlève de nombreuses taches. Frottez les carreaux crasseux avec cette solution, en utilisant une brosse pour le coulis ou une nouvelle brosse à dents à poils raides (n'utilisez pas une brosse usagée !). Laissez agir la solution d'eau de Javel pendant quelques minutes après avoir frotté, puis rincez à l'eau propre. Pour des taches de moisissure plus tenaces sur le coulis, servez-vous de la brosse à dents : appliquez de la solution pour nettoyer les carreaux sur la section problématique et frottez. Laissez agir pendant deux ou trois minutes, puis frottez de nouveau jusqu'à ce qu'il n'y ait plus de taches, assurez-vous tout de même de ne pas affaiblir le coulis.

Ne capitulez pas devant les dépôts crasseux de la douche ; servez-vous d'un nettoyant à l'orange. Vaporisez les surfaces à l'intérieur de la douche avec un produit commercial à l'orange, comme le

409 Orange Power. Laissez-le agir pendant 10 minutes pour dissoudre la saleté, et essuyez-le avec un essuie-tout résistant, comme le Brawny, ou avec une serviette propre. Si la tâche s'avère plus tenace, faites l'essai de différentes marques de nettoyant concentré, mais ne le diluez pas. Versez-en une bonne quantité sur une guenille ou sur une serviette propre et répandez le produit sur toutes les surfaces de la douche. Environ toutes les 30 minutes, vérifiez si le nettoyant a commencé à dissoudre les dépôts de savon, sinon répandez de nouveau tout liquide qui a dégouliné. Lorsque vous arrivez à enlever facilement un peu de résidu de savon avec votre ongle, frottez la surface avec une éponge et peut-être un peu de bicarbonate de soude pour une abrasion sans éraflures. Rincez et essorez fréquemment l'éponge. Au besoin, faites une nouvelle application du nettoyant à l'orange.

10 minutes de prévention

- Utilisez un rouleau de ruban adhésif pour lutter contre l'accumulation visqueuse sur le savon. Lorsque vous avez fini d'utiliser un rouleau de ruban adhésif transparent, glissez l'anneau de plastique vide sous votre pain de savon dans le porte-savon. La circulation d'air aide le savon à sécher au lieu qu'il ne devienne visqueux.

- Ou encore, placez une éponge au fond de votre porte-savon pour absorber l'excédent d'eau. Ainsi, le savon ne deviendra pas visqueux et répugnant. Assurez-vous quand même de rincer et de tordre l'éponge tous les deux jours.

- Ajoutez ¼ de tasse (55 g) de bicarbonate de soude à l'eau de votre bain. Vous n'en verrez pas la différence lors de votre bain, mais cette méthode devrait empêcher la formation d'un cerne.

Pour éviter la formation de résidus de savon, servez-vous de savon naturel ou liquide. « C'est le talc contenu dans les pains de savon qui produit les traînées de savon », dit Jenny Hall, une infirmière licenciée et adepte de la fabrication de savon naturel à Knoxville, au Tennessee. « Vous éviterez les cernes autour de la baignoire en utilisant des savons maison fabriqués avec de la glycérine ou de la lessive de soude ». Les savons liquides sont conçus pour circuler librement, sans coller ; ils sont donc aussi pratiques pour éviter la formation de traînées de savon.

Essayez un trempage dans le vinaigre pour enlever les résidus sur votre tête de douche. Défaites la tête de douche et trempez-la dans un sac réutilisable de plastique résistant pendant au moins 10 heures ou toute la nuit.

Pour vaincre les taches d'eau dure sur les portes de votre douche, nettoyez à fond avec un produit détartrant comme Lime-A-Way. C'est le conseil que nous donne Louise Kurzeka, copropriétaire avec Pam Hix de Everthing's Together. Même si l'entreprise se spécialise dans la gestion du désordre, elle s'occupe aussi de nettoyage quand l'opération d'une maison est compromise. Et pour éviter que les taches ne réapparaissent, Louise suggère : « Appliquez un enduit de protection contre la pluie, comme Rain-X, dont on se sert habituellement sur les pare-brise. Ainsi, l'eau glissera le long des surfaces sans y laisser de résidu. »

Voici quatre moyens de garder votre douche propre et plus reluisante :

1. Pour les protéger des taches d'eau dure, scellez les portes de fibre de verre ou de verre avec de la cire pour voiture. Deux fois par année, appliquez un produit comme Turtle Wax sur les murs et les portes, en suivant les directives sur le contenant. Si vous appliquez cette cire, il sera aussi facile de nettoyer les portes.

2. En vous servant d'une petite raclette, enlevez l'eau qui reste, et qui peut causer de la moisissure. Il ne faut qu'une minute de

plus pour passer une raclette sur les murs et sur les portes de la douche après avoir pris une douche.

3. Si votre rideau de douche trempe dans l'eau du bain, coupez-en quelques centimètres pour l'empêcher de moisir aussi rapidement.

4. Réarrangez la tringle à rideaux. Si votre salle de bain est conçue de telle sorte que la douche est dans la baignoire, et que l'eau semble toujours éclabousser sur le plancher par les espaces aux extrémités du rideau, procurez-vous une tringle en forme de L, et utilisez deux rideaux de douche côte à côte. Mais au lieu d'installer la partie courte du L à l'opposé de la tête de douche, placez-la sur le mur juste au-dessous de la tête de douche.

Passez-vous du vaporisateur pour douche. Ou peut-être n'en avez-vous tout simplement pas besoin. Même le fabricant vous dira que ces « vaporisations » quotidiennes coûteuses ne seront efficaces que si le tour de votre douche est propre quand vous commencez le processus — ce n'est donc pas vraiment utile pour la majorité d'entre nous. Mais si vous tombez dans cette catégorie, il est encore plus économique et plus facile de fabriquer votre propre solution avec les ingrédients que vous possédez déjà, et que vous pourrez remplacer à volonté. Si vous n'avez plus de produit commercial — qu'il faut utiliser chaque jour, sinon vous n'obtiendrez pas les résultats désirés —, vos efforts seront perdus. Fabriquez donc votre propre solution en mélangeant une partie d'eau de Javel dans trois parties d'eau, en ajoutant une cuiller à soupe de vinaigre blanc. Vous pouvez vaporiser ce produit et utilisant un vaporisateur acheté dans un magasin à un dollar.

10 minutes de prévention

Pour éviter que l'eau stagnante n'endommage le fini de votre baignoire, fabriquez un cocktail de nettoyage. Pour que l'eau passe plus rapidement dans le drain, débarrassez-vous des accumulations dans vos tuyaux de drain. Une fois par mois, versez une tasse (220 g) de bicarbonate de soude dans le drain d'une baignoire vide, suivi par une tasse (250 ml) de vinaigre blanc. Après une heure, rincez avec de l'eau chaude. Peut-être ne constaterez-vous pas immédiatement les résultats, mais vous aurez en fait dégagé les résidus accumulés qui ralentissent les drains. Cette méthode est aussi efficace dans l'évier de la salle de bain, même si vous ne vous débarrassez que des accumulations de savon et de gras, et non des cheveux.

Lavez un rideau de douche en plastique à la machine. Avant de décrocher le rideau, vaporisez-le d'abord avec un nettoyant tout usage à base d'orange (comme le 409 Orange Power), et laissez-le agir pendant 10 minutes. Retirez ensuite le rideau de douche et mettez-le dans la laveuse en même temps qu'une brassée de serviettes au cycle eau tiède, en utilisant environ la moitié de la quantité habituelle de détergent. Suspendez le rideau sur la tringle — où d'autre ? — pour le faire sécher.

Achetez des doublures en plastique, plutôt que des rideaux de douche. Si vous savez que vous ne prendrez pas le temps de frotter ou de laver les rideaux en plastique, économisez quelques dollars et n'achetez que des doublures en plastique pour les rideaux de douche. Vous pouvez les acheter dans des tons clairs ou transparents qui s'adaptent à la plupart des décors de salle de bain, ou dans une nuance pastel pour qu'elles soit agencées à l'arrangement de couleurs de votre salle de bain. Lorsqu'elles deviennent moisies ou sales, vous n'avez qu'à les enlever et à les jeter.

Oubliez l'eau de toilette bleue. Le produit nettoyant bleu et les tampons jetables pour récurer la toilette offrent surtout des avantages pour la santé mentale. Jenny Hall est une infirmière licenciée qui travaille pour le service des soins de santé aux étudiants de l'Université du Tennessee. Beaucoup de ses clients vivent dans des chambres de dortoirs qui sont probablement moins que parfaitement hygiéniques. Ces tablettes qui colorent en bleu l'eau de la cuvette ne sont pas très efficaces pour rehausser les standards de salubrité d'une toilette, dit-elle. « Ils ne font que donner à l'eau une couleur rassurante. » Il en va de même avec les brosses hygiéniques pour cuvettes qui ont des bouts jetables. « À moins que vous ne soyez dans un environnement commercial ou d'affaires, tout ce qu'il faut à votre toilette, c'est de se faire brosser chaque semaine avec un produit comme le nettoyant Lysol pour cuvette », dit Jenny. À la maison, qu'elle partage avec sa fille Laurel et son mari Roger, Jenny préfère les brosses de toilette réutilisables qui se glissent dans une base de plastique. « Il est très peu probable qu'une brosse de toilette vous rende malade après avoir fréquenté la même eau que les nettoyants pour cuvette, dit-elle. Mais il est bien de ne pas avoir à toucher la brosse du tout. »

N'oubliez pas le siège de toilette. Il est plus important de vous préoccuper de nettoyer le dessus et le dessous du siège de toilette avec un essuie-tout et n'importe quelle marque de nettoyant tout usage (comme le 409), que de vous inquiéter de la couleur de l'eau de votre toilette, dit William Mixon, M.D., médecin résident aux services de santé des étudiants de l'Université du Tennessee à Knoxville. « Cette méthode tuera pratiquement tous les germes qui vous inquiètent », dit-il. Pour des raisons esthétiques, assurez-vous d'essuyer avec un essuie-tout la base de la toilette, le réservoir et la charnière du siège de la toilette.

Soyez prudent

Prenez soin de vos poumons, en prenant ces précautions :

- **Ne mélangez jamais des produits à base de chlore à des produits à base d'ammoniaque.** Lisez attentivement les étiquettes de façon à ne jamais utiliser des solutions contenant de l'eau de Javel en même temps que d'autres qui contiennent de l'ammoniaque. Ces deux produits, une fois combinés, libèrent du chlore gazeux, et si vous en respirez, vous pourriez vous brûler gravement la bouche, le nez, les voies respiratoires et les poumons. Servez-vous de l'un ou de l'autre, mais ne combinez jamais les deux.

- **Aérez quand vous nettoyez avec des produits contenant du chlore.** La moisissure agresse les personnes qui souffrent d'allergies autant que les produits à base de chlore — que l'on utilise pour supprimer la moisissure — peuvent nuire à notre appareil respiratoire. Quelle ironie ! « Assurez-vous donc de bien aérer la pièce avant d'utiliser tout produit contenant de l'eau de Javel ou des quantités concentrées de chlore, dit Jenny Hall.

Encore mieux, servez-vous de produits comme Tilex juste avant d'aller au lit. Ouvrez une fenêtre ou allumez le ventilateur si vous en avez un et fermez la porte de salle de bain pour la nuit. »

Lorsqu'il se forme des résidus autour du robinet, sortez le vinaigre. Trempez un essuie-tout résistant dans du vinaigre blanc et placez-le autour du robinet pour qu'il soit en contact avec les résidus. Laissez-le pendant quelques heures, puis enlevez l'essuie-tout et frottez la surface avec une brosse de cuisine ou une éponge qui a un côté rugueux. Assurez-vous d'assécher la surface immédiatement avec un essuie-tout pour retarder l'initiation de la prochaine formation de dépôt.

Soyez prudent

- **Ne vous servez pas de produits nettoyants à base d'orange ou en poudre sur du cuivre ou des robinets plaqués or.** Ces accessoires se corrodent et s'éraflent rapidement. Frottez-les plutôt avec un morceau de citron trempé dans du sel pour les nettoyer, puis asséchez-les avec une serviette après chaque usage. Et après tous ces tracas, essayez de vous souvenir de ne jamais installer de tels accessoires quand vous aurez le choix.

- **Les produits chimiques peuvent endommager le chrome.** Les nettoyants commerciaux peuvent graver ou érafler le chrome. Faites plutôt l'essai d'un nettoyant à base de peroxyde comme le concentré d'agrumes Bio-OX ou un nettoyant à base d'acide comme le vinaigre ou le jus de citron. Trempez un linge doux dans le nettoyant, appliquez-le sur le chrome et laissez agir pendant quelques minutes. Rincez-le avec de l'eau propre, puis frottez en asséchant avec un linge non pelucheux pour restaurer le fini brillant. Et voici une autre solution pour les taches sur le chrome : utilisez quelques gouttes d'huile pour bébé, et frottez la tache avec une serviette non pelucheuse ou une couche de coton, jusqu'à ce que vous obteniez un fini brillant. Cette méthode est aussi efficace sur les carreaux !

Utilisez de la crème à raser pour empêcher que la buée ne se forme sur le miroir. Répandez une couche de crème à raser de type mousseux sur votre miroir, puis essuyez avec un linge doux. Répétez l'exercice quand vous remarquez que le miroir commence à s'embuer de nouveau. S'il vous faut désembuer immédiatement le miroir, pointez un séchoir à cheveux réglé au cycle chaleur. Il enlève la buée aussi rapidement qu'un dégivreur de pare-brise de voiture.

Enlevez les taches de fixatif avec de l'alcool à friction. Essuyez des taches de fixatif du miroir ou des carreaux de la salle de bain, avec un linge trempé dans de l'alcool à friction. Une autre solution consiste à utiliser un peu de shampoing pour « l'éclaircissement quotidien » : il ne faut qu'une goutte, mêlée à un peu d'eau, essuyez bien le miroir ou les carreaux pour terminer.

Transformez votre armoire à pharmacie en quelques minutes.
Essayez cette méthode en six étapes pour nettoyer le désordre de
votre pharmacie une fois pour toutes.

1. Retirez d'abord les médicaments et ne les y remettez jamais. Peu
   importe le nom qu'on donne à ce type d'armoire ; il y fait trop
   chaud et c'est trop humide pour y conserver des médicaments.
   De plus, toutes ces petites bouteilles que vous auriez dû jeter
   depuis des années ne font que vous priver d'espace. Jetez toutes
   celles qui ont atteint leur date de péremption, et toutes celles qui
   ne sont pas datées. Scellez le reste dans un contenant de type
   Tupperware que vous rangez dans un endroit frais et sec comme
   une table de chevet.

2. Jetez toutes les brosses à dents abandonnées ou celles qui ont
   plus de trois mois.

3. Jetez tous les cosmétiques qui ont plus de six mois ou dont vous
   ne vous servez jamais, et débarrassez-vous aussi de tous les ato-
   miseurs et vaporisateurs en aérosol qui ne sont pas en bon état.

4. Nettoyez les tablettes de la pharmacie avec un peu de vinaigre
   blanc et d'eau sur un linge doux. Frottez la saleté et asséchez
   l'étagère en même temps. Agissez de même avec les étagères

métalliques ; saupoudrez un peu de bicarbonate de soude sur les tablettes et essuyez-les avec un linge humide propre.

5. Servez-vous d'une guenille propre trempée dans le vinaigre pour essuyer les dépôts et la saleté de tout contenant que vous projetez remettre dans l'armoire, puis asséchez-les avec un linge doux et propre.

6. Ne réapprovisionnez l'armoire qu'avec les articles de toilette que vous utilisez au moins une fois par jour, par exemple, la crème à raser et le rasoir.

10 minutes de prévention

Il y a des cernes autour de votre cuvette ? L'eau alcaline en est coupable. Une fois que vous l'avez très bien frottée, prévenez la réapparition des cernes en versant une tasse (250 ml) de vinaigre blanc dans le bol une fois par mois. Laissez-le agir pendant quelques heures, puis tirez la chasse d'eau.

Chapitre 10

Une chambre à coucher
bien entretenue

N'oubliez pas de dépoussiérer les coins cachés. Puisque chaque nuit pendant votre sommeil vous respirez toute poussière qui se trouve dans votre chambre à coucher, il est très important de se donner la peine d'atteindre tous les recoins et de voir à ce qu'ils ne soient pas empoussiérés. Ceci inclut le derrière de la tête de lit (tirez le lit et vérifiez), l'arrière du téléviseur (avec son électricité statique qui attire tellement la poussière), et tous ces moutons sous le lit que vous pouvez nettoyer avec une vadrouille ou avec une vieille chaussette propre enroulée autour de l'extrémité d'un manche à balai.

Dépoussiérez aussi les plafonniers et les ventilateurs de plafond, et passez un linge humide sur le dessus des montants de porte et sur le dessus des portes.

Réduisez le temps de ramassage dans la chambre à coucher. Si vous aimez vous réfugier dans votre chambre pour vous détendre, il est possible que de nombreux objets qui n'ont rien à voir avec le sommeil aient tendance à s'y retrouver — sans compter tous ces pantalons de survêtement sur le plancher ! Voici quelques idées pour réduire le désordre afin que vous puissiez consacrer vos séances de 10 minutes de nettoyage à vraiment nettoyer.

- « **Prêtez-vous** » **des livres pour la lecture du soir.** Il faut vous libérer de cette pile de lectures — prête à s'effondrer à tout moment — sur la table de chevet ; sans compter que les livres semblent de plus en plus couverts de cernes causés par vos verres ! Vous feriez mieux de ranger vos livres ailleurs et d'en emprunter un seul à la fois pour lire au lit. Faites-vous une règle de replacer un livre ou un magazine sur l'étagère avant d'en prendre un autre.
- **Placez un plateau sur le plancher près de la porte — de style service aux chambres.** Ainsi, lorsque vous devez partir le

matin, vous pouvez transporter toutes les assiettes sales qui traînent dans votre chambre — pas seulement les deux que vous êtes capable de transporter dans vos mains. Rapportez le plateau de la cuisine quand vous vous retirez pour la nuit.

✓ **Achetez une grande tasse de voyage — mais une seule.** Ne vous en servez que pour les boissons que vous consommez dans la chambre à coucher. Non seulement réduirez-vous le nombre de tasses de café moisi qui traînent, mais vous risquez moins de faire des éclaboussures sur le tapis, avec votre breuvage préféré, lors d'allers-retours entre la cuisine et la chambre.

✓ **Servez-vous d'une lampe de lecture qui s'accroche à votre livre.** Ainsi, vous pourrez vous débarrasser à la fois de votre table de nuit et de la lampe. (Comme nous le savons tous, les tables de nuit sont bien connues comme étant des pièges à désordre.)

✓ **Suspendez le cintre qui a servi pour la tenue vestimentaire que vous enfilez le matin, sur la poignée de la porte du placard.** Alors si votre tenue est encore propre quand vous vous déshabillez le soir, vous trouverez le cintre prêt pour y accrocher votre tenue et la remettre au placard (essayez de prendre l'habitude d'enlever vos vêtements devant le placard). Si elle est sale, replacez le cintre vide dans le placard. C'est un bon moyen pour ne pas oublier le cintre ailleurs dans la chambre à coucher, et finir par le retrouver sur le plancher, inévitablement, à la fin de la journée.

Choisissez le produit nettoyant qui convient au lit. Remontez le moral des lits de cuivre, et ceux au fini vernis, en appliquant de l'huile de citron. Dépoussiérez d'abord tout autour du lit, puis frottez doucement avec une goutte d'huile de citron sur un linge légèrement humide. Pour les têtes de lits en bois, tout ce qu'il vous faut, c'est de la cire à meuble. Pour les finis laminés, un nettoyant commercial tout usage, comme le 409, est idéal. Assurez-vous simplement d'enlever la literie avant de nettoyer, et d'appliquer le nettoyant sur le linge ou sur l'essuie-tout au lieu de le vaporiser directement sur le lit ; cette précaution empêchera le liquide de se répandre sur le matelas.

Utilisez un produit assouplissant en feuille pour ramasser les poils d'animaux. S'il vous semble impossible d'empêcher le chat de faire une sieste sur la commode ou sur la table de nuit, servez-vous d'une feuille d'assouplissant textile pour ramasser rapidement les poils. Si le parfum vous incommode, faites l'essai d'une variété non parfumée.

Placez un petit contenant de désinfectant pour les mains sur votre table de nuit. Quand vous y pensez, frottez-en un peu, avec vos mains, sur le récepteur du téléphone et sur la poignée de la porte de la chambre pour que tout soit bien hygiénique. Vous pouvez aussi vous servir de lingettes désinfectantes, pour ensuite assécher les surfaces avec un essuie-tout.

Produits pour économiser du temps
Gardez une mitaine Pledge, un linge Swiffer ou un linge à microfibres dans un sac de plastique dans le tiroir de la table de nuit. Ainsi, si vous disposez de quelques minutes durant un spot publicitaire ou si vous attendez que votre café refroidisse, vous pouvez rapidement dépoussiérer vos tables de chevet, votre commode et votre tête de lit.

Cessez d'accumuler des bijoux inutiles sur votre coiffeuse ou dans la boîte à bijoux. Ces choses ne font qu'attirer la saleté et vous ralentir quand vous vous préparez le matin. La prochaine fois que vous avez 10 minutes, inspectez tous vos bijoux, même ceux que vous avez exposés sur des porte-boucles d'oreilles ou autres trucs sophistiqués, et débarrassez-vous des pièces démodées ou de celles que vous n'utilisez jamais. Faites-en don à un magasin de Goodwill, ou à une classe de maternelle, ou à toute cause qui sera heureuse de recevoir des bijoux de fantaisie.

Passez l'aspirateur dans le sens des aiguilles d'une montre. À la fois pour vous assurer de ne pas sauter des parties de plancher et pour tirer le maximum de votre temps, commencez à passer l'aspirateur du côté gauche de la porte de la chambre, et continuez dans la pièce dans le sens des aiguilles d'une montre jusqu'à ce que vous finissiez par rejoindre de nouveau la porte. Vous n'avez ensuite qu'à sortir de la chambre avec l'aspirateur.

Réduisez le désordre dans les chambres d'enfants. Alison Rubin est copropriétaire d'une franchise Merry Maids avec son mari à Boca Raton, en Floride, et elle vous dira qu'une planification soigneuse compte pour la moitié de la réussite lorsqu'on veut garder une chambre d'enfant propre. Voici quelques-unes des stratégies qu'elle utilise et qui ont fait leurs preuves :

- ✔ **Si vos enfants gardent leurs jouets dans leurs chambres, réduisez le désordre de moitié.** « Mettez la moitié des jouets dans un autre endroit et faites une rotation après quelques mois. Ils en auront assez pour jouer et leur chambre restera plus propre », dit Alison.

- ✔ **Fixez des crochets et des chevilles sur la porte de la chambre à coucher des enfants.** Lorsqu'ils arrivent à la maison, établissez comme règle qu'ils doivent se diriger directement dans leur chambre pour accrocher leur sac à dos, leur manteau, et tout le reste. « C'est aussi une bonne idée d'installer des crochets à l'intérieur de la porte du placard », ajoute-t-elle.

- ✔ **Achetez un support à compartiments pour souliers et un support à disques compacts.** « Ainsi, vos chaussures et vos CD seront à portée de la main, dit Alison. Et les enfants ne mettront pas la maison en pièce pour chercher les uns ou les autres. »

- ✔ **Laissez les enfants écouter la musique à plein volume pendant qu'ils font le nettoyage de leur chambre.** « Le bruit est un bien petit prix à payer pour une chambre propre », dit Alison.

Pour que les enfants puissent ranger leurs choses, assurez-vous que les tiroirs glissent facilement. Même si vous possédez une maison raffinée, des commodes de carton sont un bon choix pour les vêtements des adolescents ; elles sont légères et ne coincent pas quand les enfants essaient d'y ranger leurs vêtements propres. Vous pourriez aussi essayer ces tiroirs fabriqués d'une combinaison d'osier et de métal, conçus pour une bonne circulation d'air dans la cuisine (la plupart des gens les utilisent pour entreposer des pommes de terre et des oignons). Vous pourriez même remplacer la commode par des paniers et des étagères ouvertes que les enfants peuvent atteindre facilement.

Apportez les couettes ou les couvertures lourdes à la buanderie. Si vous lavez de la literie lourde dans votre machine à la maison, vous obtiendrez au pire une machine à laver brisée — dispendieux et fort peu commode —, et au mieux, des couvertures mal lavées (le savon et l'eau n'atteignent pas les replis). Investissez plutôt vos 10 minutes à conduire pour apporter ces couvertures lourdes à la buanderie.

Soyez prudent
Minimisez l'utilisation d'allergènes dans l'entretien de la literie. Un enthousiasme soudain pour laver vos draps plus fréquemment pourrait causer des réactions allergiques. Prenez garde. Utilisez ¼ tasse (60 ml) de vinaigre blanc dans le rinçage final pour adoucir les draps au lieu d'utiliser des feuilles d'assouplissants pour le sèche-linge si vous êtes allergique à certains parfums. Après avoir essayé cette solution, voyez si vous pouvez respirer plus facilement (sans sacrifier la douceur). Et peu importe s'ils paraissent confortables dans le catalogue, évitez les draps de flanelle si vous souffrez d'allergie, parce qu'ils produisent plus de peluches. Vous pouvez aussi les acheter dans des braderies, parce que la peluche disparaît progressivement, et ils n'en produisent pas plus que les draps ordinaires après des lavages répétés.

Séchez une couette en même temps que des chaussures de sport en toile propres ou deux balles de tennis. Encore mieux que ne peut le faire le cycle « culbutage à air froid », le martèlement gonflera le duvet à l'intérieur d'une couette. La même technique s'applique aux oreillers remplis de polyester, mais vous devez les sécher un à la fois.

Lavez les draps de polyester et de mélange de polyester dans l'eau tiède. Nul besoin d'attaquer les draps avec de l'eau chaude à moins qu'ils ne soient fabriqués de coton à 100 % — en fait, le polyester se nettoie beaucoup mieux à des températures plus douces.

Faites l'essai de sels de bain pour parfumer la literie. Si vous ne souffrez pas d'allergies et que vous aimez le parfum de vos sels de bain (ou parce que vous en recevez toujours comme cadeaux sans jamais vous en servir), utilisez-les pour parfumer les draps, les couvertures et les couvre-lits légers lavables à la machine. Ajoutez simplement ¼ de tasse (50 g) de sels au dernier cycle de la lessive.

Tous les deux ou trois mois, retournez votre matelas. Non seulement s'usera-t-il plus uniformément, mais cela vous donnera une chance de passer l'aspirateur sur les miettes et les débris qui invariablement se glissent sous les draps, entre le matelas et le sommier-tapissier, et derrière le lit. Lorsque vous le faites pour la première fois, retournez-le de côté à côté, et la fois suivante, faites-le de la tête du lit aux pieds du lit, et continuez à alterner. S'il s'agit d'un matelas de grande taille ou très grand, la tâche n'est pas compliquée, mais il vous faudrait l'aide d'un copain pour y arriver. Éloignez d'abord le lit du mur, et glissez-vous entre le lit et le mur pour retourner le matelas. Ensuite, retirez toute la literie et passez l'aspirateur sur le dessus du matelas avec un petit aspirateur manuel ou avec l'accessoire pour nettoyer les meubles d'un aspirateur ordinaire. Soulevez le matelas du dessus de quelques centimètres sur un côté, et glissez un large sac de plastique (ou un sac de plastique pour le nettoyage à sec) entre le matelas et le sommier-tapissier. À partir de l'autre côté du lit, d'un bon élan, tirez le matelas vers vous en le glissant sur le plastique et amenez-le doucement à la verticale jusqu'à ce qu'il se tienne debout sur le plastique, sur une des extrémités du matelas. Puis laissez descendre le matelas en mettant cette fois le côté qui était auparavant en dessous sur le dessus (faites-vous aider pour le stabiliser s'il est trop gros), retirez doucement le plastique et glissez le matelas en place.

Faites votre lit en quelques minutes. La façon la plus simple de donner une apparence ordonnée à votre chambre, c'est de faire votre lit chaque matin (cela n'est-il pas évident ?). Non seulement c'est plus ordonné, mais vous ne perdrez pas des objets — comme la télé-commande — sous les couvertures, et vous ne serez pas tenté de déposer des objets sur le dessus du lit comme vous le feriez avec une table propre, puisque vous savez que vous devrez vous glisser de nouveau sous les couvertures à la fin de la journée. Pour vous faciliter la tâche, utilisez ces stratégies.

✔ **Achetez une couette recouverte d'un tissu pour draps.** Les housses de couette — ces trucs avec des boutons ou des fer-metures éclair que vous pouvez utiliser pour recouvrir votre couette, et qui s'enlèvent facilement pour les jeter dans la lessive — sont offertes en plusieurs variétés de tissus 100 %

coton, et plusieurs modèles sont fabriqués avec du tissu pour drap d'un côté, et du tissu pour couette de l'autre. « Elles peuvent être dispendieuses, mais si vous achetez le bon modèle, vous n'aurez pas besoin de drap de dessus sur votre lit, ce qui est particulièrement commode dans les lits d'enfants », dit Cathy Steever, mère de quatre enfants, et gérante dans une entreprise de vente par correspondance, qui vend une grande variété de literie de qualité dans la région de Boston.

- ✓ **Progressivement, faites l'acquisition de plus grands couvre-lits.** Si vous avez un lit double, achetez un couvre-lit de grande taille et servez-vous des couettes de lit double pour les lits jumeaux. Les centimètres supplémentaires vous permettront d'économiser le temps que vous passez normalement à ajuster la housse de couette. S'il est trop dispendieux d'apporter ce changement en une fois, faites-le progressivement : déplacez, disons, une des couettes pour lit double vers un lit jumeau, et achetez un couvre-lit plus large pour le lit double.

- ✓ **Achetez deux ou trois oreillers supplémentaires et couvrez-les avec des housses d'oreiller.** Comme vous n'y poserez pas votre tête, achetez donc les moins dispendieux que vous pouvez trouver. Couvrez-les avec d'attrayantes housses d'oreiller et le matin, déposez-les simplement par-dessus vos oreillers ordinaires pendant que vous faites votre lit. Vous perdrez ainsi beaucoup moins de temps à arranger le couvre-pied sur les oreillers, et vous ne serez pas obligé de les laver très souvent puisque vous ne vous en servirez pas pour dormir.

Rafraîchissez un matelas qui sent le renfermé avec du bicarbonate de soude. Après avoir enlevé les oreillers et les draps, saupoudrez une fine couche de bicarbonate de soude sur le matelas. Laissez-le agir pendant quelques heures, et balayez ce que vous pouvez avec un petit balai et un ramasse-poussière, et passez l'aspirateur pour le reste.

Laissez tomber le panier à linge sale dans la chambre à coucher. Il peut dissimuler la lessive de la vue, mais le contenu ne sent pas très bon. Un panier à linge sale peut aussi contribuer au désordre : depuis quand n'avez-vous pas vu le couvercle de votre panier à linge sale ? Ou son support ? Jetez plutôt les vêtements sales dans un panier à lessive installé dans le couloir, et apportez-les le matin dans la salle de lavage. Dépendant de la fréquence à laquelle vous faites la lessive, déposez-les directement dans la laveuse, ou séparez-les de façon appropriée dans des paniers que vous gardez à cet effet près de la machine à laver.

10 minutes de prévention

Débarrassez-vous de la puanteur des chaussures de sport. Que ces chaussures d'entraînement portées fréquemment vous appartiennent à vous, à l'homme de la maison, ou que ce soient celles d'un adolescent actif, elles donnent une mauvaise odeur à toute la chambre à coucher. Un produit comme le Bac-Out est utile après l'arrivée de l'odeur, mais il est beaucoup plus facile de prévenir cette odeur que de passer beaucoup de temps à nettoyer les chaussures et tout ce qui a été rangé avec elles. Si vous suivez ces conseils, vous ne devriez pas non plus devoir vous résoudre à jeter aussi souvent des chaussures qui sentent très mauvais :

- Assurez-vous de porter des chaussettes dans les chaussures de sport.

- Ne placez pas vos chaussettes dans les chaussures lorsque vous les rangez. Elles se communiquent mutuellement leurs odeurs, et le manque d'aération peut causer la formation de moisissure.

- Ne laissez pas les chaussures atterrir dans l'inévitable pile de vêtements sur le plancher de la chambre à coucher, sinon elles ne sécheront jamais. En fait, ne recouvrez jamais vos souliers humides, même à l'intérieur d'un sac de gymnastique. Laissez-les sécher à l'air, sur la véranda si nécessaire, mais pas à l'extérieur dans l'air humide de la nuit.

- Si vous et vos enfants portez souvent des chaussures athlétiques, assurez-vous d'en posséder deux paires. Alors, l'une peut sécher pendant que vous utilisez l'autre.

Nettoyez soigneusement vos animaux de peluche. Vous n'avez pas à vous résigner à ce que Binky demeure sale, et les autres animaux rembourrés non plus. Suivez plutôt les instructions de nettoyage que suggère Alison Rubin, copropriétaire d'une franchise Merry Maids avec son mari à Boca Raton, en Floride. « Si un animal-jouet est rempli de fibres naturelles, on ne devrait pas l'immerger dans l'eau, mais vous pouvez l'essuyer avec un linge savonneux, suivi d'un linge propre humide, dit-elle. Assurez-vous qu'il n'y ait pas de mécanismes sonores, ou autres pièces mécaniques, ou de bords déchirés avant de le déposer dans la machine à laver ». Si un animal passe ces tests, Alison suggère de le glisser dans une taie d'oreiller que vous nouez sur le dessus pour la sceller ; vous le lavez ainsi au cycle doux. « Vous pouvez aussi rafraîchir des animaux rembourrés en les enfermant dans un sac de papier avec une poignée de bicarbonate de soude, puis vous secouez bien le tout. »

Chapitre 11

Un bureau à domicile propre et organisé

Traitez votre bureau à domicile comme un véritable bureau. Pour éviter de répandre les germes et la grippe, si plus d'une personne partage l'ordinateur, le bureau, ou le téléphone, désinfectez votre bureau à domicile comme s'il s'agissait d'un bureau à l'extérieur de la maison. « Je garde des lingettes de désinfectant orange dans mon bureau, et une fois par semaine, ou dès que quelqu'un arrive et me dit : "Je crois que je commence une grippe", j'essuie le téléphone, les poignées de porte et le dessus du bureau », dit Joy Brooks, greffière adjointe pour le Commissaire du revenu pour le Smyth

County, en Virginie. « Cette méthode permet d'enlever les germes et il reste une odeur comme si j'avais passé des heures à nettoyer. » Un aspect important de cette approche, consiste à garder les lingettes dans votre bureau, plutôt que de les ranger avec vos fournitures de nettoyage ordinaires. Vous pouvez ainsi vous en servir immédiatement, sans avoir à les chercher, quand vous arrivez dans votre bureau après un autre utilisateur. Il est aussi facile de les utiliser en tout temps lorsque vous êtes retenu au téléphone.

Nettoyez vert
Nettoyez le téléphone avec un linge doux trempé dans du vinaigre blanc. Même les germes abandonneront la partie avec un frottage vigoureux. Trempez un coton-tige dans le vinaigre pour nettoyer les endroits difficiles à atteindre entre les boutons poussoirs. Ne vous inquiétez pas, l'odeur disparaît rapidement, mais la propreté demeure.

Recyclez le papier ailleurs que dans votre bureau. Alors que la sagesse traditionnelle pourrait vous dicter d'installer une seconde corbeille à papier près de la corbeille à papier de votre bureau à domicile, pour vous débarrasser du papier recyclable, il est préférable de le mettre de côté dans une autre pièce, avec les autres matériaux à recycler de la maisonnée — ou même dans le garage ou le sous-sol. Car la pâte à papier peut répandre des particules dans l'air, et la dernière chose que vous voulez, c'est de la poussière supplémentaire près de votre ordinateur. De plus, il est probable que vous oublierez de sortir ce papier lorsque vous sortirez le reste du recyclage. Donc, chaque fois que vous sortez de votre bureau à domicile, apportez votre papier recyclable pour le mettre dans la boîte.

Prodiges annuels

Réduisez les piles de paperasse. Même s'il a fallu des heures et des heures de travail à Anne McKinney, une avocate versée dans le droit successoral à Knoxville, au Tennessee, pour nettoyer la paperasse de son bureau à domicile, elle a utilisé une stratégie qui peut se répartir en segments de 10 minutes : « Divisez pour conquérir ». « Pour y arriver, je me suis basée sur un livre que j'ai lu, portant sur les moyens de vaincre le désordre, mais je l'ai adapté à mes propres objectifs, dit Anne. J'ai apporté cinq grosses boîtes dans mon bureau et je les ai étiquetées : Conserver, Déchiqueter, Nostalgie, Donner et Peut-être. Ensuite, tout en écoutant l'enregistrement d'un bon livre avec mes écouteurs, j'ai commencé à jeter les choses dans les boîtes. » Une fois que de telles boîtes sont ordonnées, vous pouvez continuer la même opération 10 minutes à la fois, dit Anne. « Après cette phase initiale, il était relativement facile de déchiqueter ce qui devait l'être et de donner ce dont il fallait se départir. En ce qui concerne la boîte "Peut-être", j'ai trié son contenu en le déposant dans un classeur pendant que je regardais un film d'aventures avec mon mari. Je me suis assurée de louer un film que j'avais déjà visionné, mais que lui n'avait pas vu ; ainsi, j'avais de la compagnie sans être obligée de porter attention au film lorsque la tâche était plus absorbante. »

Retournez le clavier. La plupart des débris, à l'intérieur d'un clavier, tomberont si vous le débranchez et le retournez à l'envers. Donnez-lui aussi une tape ferme pour déloger toutes les particules coincées.

Nettoyez vos touches. Après avoir débranché votre clavier, trempez un essuie-tout ou une guenille dans une solution d'alcool à friction à 80 ou 90 pour cent, et servez-vous-en pour essuyer votre clavier et le dessus des touches. N'utilisez pas de nettoyants commerciaux, comme le 409, pour ce travail ; ces produits ont tendance à laisser un résidu qui attire la saleté.

Soyez prudent

Fermez toujours votre ordinateur et votre écran, et débranchez-les avant de nettoyer. Juste une goutte de liquide nettoyant à un endroit non désiré peut totalement perturber les pièces électroniques délicates. De plus, ne vaporisez jamais de liquide directement sur l'appareil. Humectez plutôt un linge ou une éponge que vous utiliserez pour nettoyer l'ordinateur.

Nettoyez le clavier avec de l'air comprimé. Pour épargner du temps et assurer la longévité de votre clavier, suivez l'exemple d'Ellen Robinson, une adjointe administrative à Siemens Medical Solutions USA. Elle se sert toujours d'une canette d'air comprimé, achetée dans un magasin de fourniture de bureau, « pour souffler toutes les poussières et les miettes du clavier ». Assurez-vous de suivre les instructions de sécurité inscrites sur la canette, dit Ellen, et assurez-vous que la pièce est assez aérée. Puis laisser sortir l'air dans une série de petits jets, car un jet prolongé peut causer la formation de moisissure condensée dans votre ordinateur.

Un miniaspirateur peut donner des résultats maxi. Si vous ne pouvez pas vous empêcher de grignoter quand vous surfez sur Internet ou quand vous utilisez Turbo Tax, songez à acheter un petit aspirateur pour ordinateur. Ainsi, vous n'aurez pas besoin de sortir le gros aspirateur pour attraper quelques miettes de croustilles, et l'appareil ne coûte qu'un peu plus de 10 $. Vous pouvez aussi vous servir d'un miniaspirateur pour enlever la poussière à l'intérieur, surtout celle qui s'est accumulée sur les fils, les puces et les circuits électriques; cette poussière agit comme une couverture isolante et produit un effet de surchauffe, ce qui n'est jamais une bonne chose.

Soyez prudent

Soyez vigilant lorsque vous nettoyez votre écran. Il est facile d'enlever la poussière sur le boîtier de votre moniteur — vous n'avez qu'à le débrancher pour le nettoyer avec un linge de coton propre humecté avec de l'eau. Vous pouvez ensuite essuyer le moniteur avec un second linge de coton propre. On peut aussi dépoussiérer l'écran avec un linge sec. Ne succombez pas à la tentation de faire mieux en utilisant un nettoyant pour vitres. Les fabricants nous le déconseillent, car ces produits contiennent de l'ammoniaque et peuvent endommager l'écran. Si vous tenez absolument à vous servir d'un nettoyant, achetez une marque expressément recommandée dans votre manuel d'instructions. Surtout, n'utilisez jamais de cire à meuble, quelle qu'elle soit, pour nettoyer un écran d'ordinateur, car les vapeurs peuvent être combustibles.

Nettoyer votre souris ou seulement son tapis ? À moins que vous ayez des difficultés avec votre curseur, vous n'avez pas à nettoyer la souris. Servez-vous plutôt d'alcool à friction dilué et d'un linge non pelucheux pour essuyer le tapis de souris ; il s'y accumule rapidement de la saleté et des huiles qui sont transmises à la souris. Mais si votre souris saute, colle et même refuse d'avancer, fermez l'ordinateur et débranchez la souris. Placez-la à l'envers et enlevez le verrou du dessous pour libérer la boule qui est à l'intérieur. Enlevez toute saleté des petits rouleaux de plastique qui sont à l'intérieur, avec l'extrémité d'un trombone ou des pinces, vous assurant de les faire pivoter pendant que vous travaillez. Puis soufflez à l'intérieur de la cavité pour déloger tous les autres grains de poussière ou peluches. Lavez la boule avec un peu d'eau tiède (utilisez une légère touche de savon à main si c'est sale), asséchez-la, et replacez-la, ainsi que le verrou du dessous. Rattachez toutes les pièces et la souris devrait de nouveau bien fonctionner.

Ne nettoyez pas une souris optique. Il n'est pas nécessaire de nettoyer une souris optique. Par exemple, Logitech et Microsoft fabriquent de nombreux modèles de souris optiques qui n'ont aucune pièce mobile qu'il est nécessaire de nettoyer.

Loin de vous les papillons adhésifs ! Ces petites notes autocollantes posées un peu partout peuvent sembler pratiques, mais elles donnent un aspect désordonné, elles peuvent se salir rapidement et, ironiquement, il est facile de les oublier lorsqu'elles sont trop nombreuses. Adoptez plutôt un (ou plusieurs) gros cahier de notes scolaire pour prendre des notes et placez-le à un endroit où toute la maisonnée a la possibilité de le feuilleter une fois par jour. Barrez les notes qui ne sont plus pertinentes, mais de temps en temps, feuilletez les pages du cahier vers le début pour vous assurer que vous n'avez rien oublié.

Rassemblez les cordons. Servez-vous d'un morceau de tube de mousse pour isolation pour mettre de l'ordre à vos multiples cordons. Coupez-en une longueur de quinze centimètres, clouez-le ou collez-le sous votre bureau, et enfilez les cordons dans le tube. Il est aussi possible de se procurer, dans des magasins de fournitures de bureau, des bagues auto-adhésives qui peuvent aider à rassembler et à ordonner les cordons.

10 minutes de prévention

En adoptant ces trois stratégies, vous améliorerez votre efficacité, et vous vous sentirez moins frustré à constamment chercher les fournitures de bureau manquantes :

✓ Préservez-vous de la poussière en rangeant les fournitures dans un tiroir. Au lieu de contenants ouverts — remplis de trombones et de punaises —, qui ramassent la saleté et qui doivent être lavés, insérez des plateaux de rangement à l'intérieur des tiroirs. Ou faites l'essai d'un bac à glaçons peu dispendieux. Si vous rangez les agrafes et les dispensateurs de ruban adhésif dans un tiroir, non seulement seront-ils moins poussiéreux, mais un autre membre du ménage est moins susceptible de les apporter ailleurs.

- ✓ Il n'est pas nécessaire de laisser les fournitures que vous n'utilisez pas régulièrement sur votre bureau. Conservez-les plutôt — des bandes élastiques aux stylos à bille —, dans leur enveloppe originale et hors de vue. Ce qui veut dire moins de petits objets qui ramassent la poussière et se renversent (ou sont renversés par les animaux de compagnie).

- ✓ Créez un panier de factures à payer. Pour rassembler et bien ordonner tous les petits trucs dont vous avez besoin pour payer et poster les factures, confectionnez un « kit de factures à payer ». Vous pouvez utiliser un grand panier compartimenté muni d'une poignée.

Chapitre 12

Une véranda propre,
pour s'y reposer

Balayez votre véranda et passez-y l'aspirateur. De nombreux facteurs peuvent expliquer l'accumulation de poussière et de saleté sur une véranda, que l'on pense à la quantité de gens qui y circulent ou aux jardinières suspendues. Avant de commencer à laver, passez un coup de balai ou d'aspirateur où vous le pouvez, en commençant par les murs extérieurs, et en vous déplaçant vers les murs intérieurs, en passant par les appuis de fenêtre, par les cadres et les seuils de porte. Puis balayez (ou passez l'aspirateur) pour enlever la saleté sur le plancher avant d'utiliser des produits nettoyants humides.

> **Produits pour économiser du temps**
> **Utilisez un Swiffer pour vous débarrasser des toiles d'araignée.** Il est relativement simple d'atteindre les toiles d'araignée dans les coins les plus élevés si on se sert d'un balai, mais vous risquez qu'elles se collent sur l'extrémité des fibres et elles sont alors difficiles à secouer. Si vous possédez déjà une de ces vadrouilles Swiffer, passez-la sur ces endroits difficiles à atteindre et jetez ensuite les feuilles sales et toutes ces toiles d'araignée collantes dans la poubelle.

*

Nettoyez le béton avec le même produit que vous utilisez pour que vos blancs soient les plus blancs. Aujourd'hui, Jackie Castle travaille comme responsable du marketing à Johnson City, au Tennessee, mais elle a payé une partie de ses études en travaillant comme surveillante de baignade sur les terrains du Camping Tennessee Valley Authority, où elle a forcément acquis de nombreuses connaissances sur le nettoyage du béton. « Par exemple, lorsqu'une personne se blessait et que du sang (ou d'autres merveilleux fluides corporels) se répandait sur le sol, nous le nettoyions le plus tôt possible avec de l'eau de Javel concentrée, dit-elle. Mais lorsqu'il s'agissait de nettoyer du béton un peu sale, j'utilisais une solution composée d'eau de Javel avec une part égale d'eau. Dans tous les cas, il est bon de frotter avec une brosse à fibres résistantes et de rincer avec le boyau. Quand on se sert d'eau de Javel, il est vraiment important de porter des gants de caoutchouc et de bien aérer le secteur — et surtout, de ne pas l'utiliser près des produits d'ammoniaque. »

Si vous devez débarrasser le béton de la moisissure, essayez le PTS. Il s'agit du phosphate trisodique, un détergent alcalin puissant que vous achetez dans les magasins d'articles pour la maison ou chez les détaillants de piscine. Utilisez environ ½ tasse (120 ml) par gallon (3,8 l) d'eau chaude et rincez avec le boyau.

Soyez prudent

Pensez d'abord à la sécurité avant de nettoyer ou de rincer le béton avec un pulvérisateur à jet d'eau sous pression. Vous pouvez louer ce genre d'appareil, et décider d'embaucher quelqu'un ou non pour l'opérer. Cet outil peut partiellement régler le problème de la moisissure sur les vérandas de béton, mais seulement s'il est possible de drainer l'eau. Les frais de location sont habituellement assez raisonnables, dit Wade Slate, un professionnel de la pelouse à Knoxville au Tennessee. Il offre aussi à ses clients des services professionnels de lavage à pression. « Bien sûr, même si vous utilisez de l'eau de Javel ou du PTS, il se peut que les taches qui sont présentes depuis longtemps ne disparaissent pas complètement, note-t-il. Mais ce pulvérisateur est assez efficace pour enlever les algues, la moisissure et la saleté ordinaire ; normalement, vous n'avez pas à vous servir de solution nettoyante. » Mais vous devez prendre certaines précautions reliées à la sécurité. Si vous vous servez d'une solution de nettoyage, lisez les mesures de sécurité et considérez où aboutira l'eau de ruissellement. Portez des lunettes protectrices durant l'opération. Couvrez toutes les plantes

plantes avoisinantes avec une bâche avant de commencer à projeter l'eau ; autrement, elles peuvent être littéralement arrachées du sol. Pour protéger l'appareil en tant que tel, attachez toujours le boyau du jardin à l'appareil et ouvrez le robinet avant de démarrer le pulvérisateur ; il est nécessaire que la pompe reste toujours froide de façon à ne pas griller le moteur.

Libérez les auvents de la moisissure. Débarrassez-vous de la moisissure sur les auvents de toile ou sur les coussins de véranda avec une solution de ½ tasse (120 ml) de Lysol par gallon (3,8 l) d'eau chaude. Passez l'aspirateur ou brossez d'abord la saleté. Après le lavage, rincez avec une solution de 1 tasse (250 ml) de vinaigre blanc distillé et 1 tasse (200 gr) de sel dans un gallon (3,8 l) d'eau chaude. Laissez la toile sécher au soleil complètement avant de la remettre en place.

Si le mobilier de la véranda sent le renfermé, ouvrez un sac de litière pour chat. Retirez les coussins et saupoudrez environ ½ tasse (65 g) de litière inutilisée sur chaque coussin, répandez ensuite une autre tasse (130 g) sur la base du meuble. Laissez agir pendant quelques heures. Après, balayez ce que vous pouvez et passez l'aspirateur sur le reste. Croyez-le ou non, vos meubles auront maintenant une odeur fraîche !

Trempez les meubles de corde tissée dans une piscine pour bébé. La maison de Joan Kennedy se situe parmi des douzaines de maisons restaurées à Hampton, en Virginie. La plupart furent construites dans les années 1910, et sont pourvues de grandes vérandas et de larges trottoirs. Comme Joan passe beaucoup de temps à se balancer et à bavarder à partir de sa balançoire de véranda qui est fabriquée de corde tissée et de quelques traverses de bois, il lui est nécessaire de bien la nettoyer. « Deux ou trois fois par année, je la lave dans une piscine en plastique pour bébé, dit Joan. Je remplis la piscine d'eau et j'ajoute environ une tasse (250 ml) d'eau de Javel et une mesure de détergent à lessive — environ la même quantité que s'il s'agissait d'une brassée de lessive. » Elle laisse tremper la partie en corde pendant 10 à 20 minutes, sans mouiller les supports en bois. Elle frotte ensuite toutes les taches rebelles avec une brosse à légumes, puis elle enlève la balançoire de l'eau et la rince avec le boyau. « Il est important de l'enlever assez rapidement de la préparation d'eau de Javel, sinon on pourrait l'endommager », dit-elle, faisant remarquer que la même méthode serait aussi efficace pour tous les hamacs de cordage.

Retouchez les éraflures et les taches sur les meubles en plastique. Pour ce travail, servez-vous d'une peinture de retouche. Le meilleur produit est le Krylon Fusion, une peinture en aérosol très recherchée qui colle parfaitement sur la plupart des objets en plastique, et qui sèche en 15 minutes ou moins. Aucun ponçage ou couche d'apprêt n'est nécessaire. Ce produit est offert en vingt-huit couleurs, et il est muni d'un accessoire qu'ils appellent EZ Touch Fan ; ce vaporisateur facilite la précision lors de la vaporisation.

Nettoyez les meubles en plastique avec des cristaux de soude.
Vous pouvez trouver des cristaux de soude (carbonate de soude) qu'on appelle aussi soude du commerce dans la section du super-marché consacrée aux produits de lessive. Ajoutez-en environ ½ tasse (110 g) à un gallon (3,8 l) d'eau chaude pour fabriquer un nettoyant pour les meubles de pelouse en plastique. Assurez-vous de porter des gants — les cristaux de soude peuvent vraiment assé-cher vos mains —, et répandez ensuite la solution de carbonate de soude partout sur le meuble avec une serviette ou une guenille propre. Laissez son pouvoir magique agir pendant 10 minutes, puis rincez avec le boyau ou essuyez avec une éponge mouillée, que vous rincez et tordez à plusieurs reprises. Si la tache refuse de disparaître, répétez l'opération, mais cette fois, laissez les cristaux de soude agir durant 20 minutes.

Protégez les meubles en plastique en appliquant de la cire pour voiture.
Si vous appliquez une couche de cire pour voiture sur les meubles de plastique, un rapide nettoyage avec de l'eau claire sera tout ce

qu'il faut pour les nettoyer. La cire de voiture empêche aussi le soleil de décolorer la majorité des meubles en plastique.

Nettoyez vert

Faites l'essai de l'huile d'arbre à thé pour nettoyer la moisissure. Vous pouvez trouver l'huile d'arbre à thé dans les magasins de produits diététiques. Même si elle est assez dispendieuse, il en faut très peu pour accomplir énormément de travail. Si vous pouvez en supporter la forte odeur, il s'agit d'un moyen écologique pour enlever la moisissure sur les coussins des meubles extérieurs (essayez de la sentir en magasin : c'est une odeur âcre comme le menthol — bien que l'odeur en tant que telle soit différente). Remplissez un vaporisateur avec un mélange de deux cuillères à thé (10 ml) dans deux tasses (475 ml) d'eau et faites un test sur une partie qui n'est pas trop exposée pour vous assurer que vous ne décolorerez pas votre coussin. Vaporisez la solution sur vos coussins, et… laissez-la agir. Après deux ou trois jours, la moisissure et l'odeur de l'huile auront disparu.

N'utilisez pas de l'eau de Javel sur les coussins de meubles de véranda. Habituellement, les étiquettes des fabricants de coussins recommandent de ne pas utiliser de l'eau de Javel, ou tout produit qui en contient, pour nettoyer les coussins ; par précaution, vous devriez l'éviter si vous avez perdu votre étiquette. L'eau de Javel délave les couleurs et peut tacher les coussins et les user. Utilisez plutôt un nettoyant liquide à base d'oxygène comme le concentré d'agrumes Bio-OX assorti de la technologie Bubble-up (Bio-Ox Citrus Concentrate with Bubble Up Technology). Diluez-le dans l'eau dans une proportion d'un quart de produit pour trois quarts d'eau. Remplissez un vaporisateur avec la solution, et arrosez le tissu que vous désirez nettoyer. Laissez la solution agir pendant 10 minutes pour lui donner le temps de faire effet, et essuyez le tout avec un linge humide. Enlevez toutes les taches qui restent en les saupoudrant de bicarbonate de soude et en les frottant avec un tampon à récurer humide (faites d'abord un test sur une partie dissimulée du coussin pour vérifier que le tampon ne crée pas d'éraflures), ensuite, rincez bien avec de l'eau.

10 minutes de prévention

Voici quelques idées géniales pour limiter l'entretien des meubles de la véranda :

- Empêchez les coussins de moisir en les gardant à l'intérieur : apportez-les à l'intérieur si vous craignez qu'il ne pleuve. Vous préviendrez ainsi l'absorption d'humidité — ce qui cause la moisissure. Hors-saison, rangez-les dans un endroit frais et sec.

- Si vous ne pouvez enlever les coussins pour les mettre dans la machine à laver, fabriquez quelques housses. Rien de sophistiqué ; enveloppez tout simplement chaque coussin avec un morceau de toile mince lavable, ou de la ratine fine, et cousez-y des bandes Velcro. Posez ces attaches pour que vous puissiez les rabattre comme si vous emballiez un cadeau avec du ruban adhésif. Placez le côté visible du Velcro au fond, près du cadre de la chaise. Vous pourrez ainsi laver les housses et avoir des coussins qui ont toujours une apparence propre et fraîche. Facile !

✓ Si vous achetez des coussins, surtout dans une vente-débarras, assurez-vous que les fermetures éclair sont en nylon. Les fermetures de métal sont portées à rouiller, il est donc impossible d'enlever les housses des coussins, et difficile de les garder propres.

Gardez vos meubles d'osier propres en les nettoyant avec le boyau. C'est difficile à imaginer, mais lorsqu'on les utilise à l'extérieur ou sur une véranda grillagée, la meilleure façon de nettoyer les meubles de rotin, c'est de les arroser avec le boyau toutes les deux ou trois semaines. Installez les meubles sur la pelouse et rincez-les à l'eau claire. Souvenez-vous de rincer aussi derrière le dossier et sous la chaise. Si votre meuble d'osier est déjà trop sale pour utiliser cette approche, trempez une brosse douce dans un mélange composé d'une pinte (environ un litre) d'eau et d'une cuillère à soupe (15 ml) de savon à l'huile Murphy ; frottez légèrement la pièce de rotin, puis rincez-la avec le boyau. Vous pouvez acheter ce produit dans un magasin à un dollar, dans un magasin de rabais, ou payer un peu plus en l'achetant à l'épicerie. Pour prévenir une usure accélérée des meubles de rotin qui sont sur une véranda ouverte, essayez de vous souvenir de les couvrir avec une bâche ou avec une couverture de vinyle lorsqu'il pleut.

Utilisez le produit Soft Scrub pour enlever les marques sur les meubles d'extérieur en aluminium. Les autres produits à récurer pourraient érafler vos meubles, mais un peu de Soft Scrub sur un linge humide enlèvera ces marques dispersées qu'on a l'habitude de voir sur les chaises et les tables des meubles en aluminium.

Servez-vous de papier abrasif pour enlever la rouille sur les meubles extérieurs en fer forgé. Frottez doucement les taches de rouille avec du papier abrasif fin, essuyez ensuite les débris avec un linge propre et sec. Si vous n'aimez pas l'apparence du meuble après que la rouille est enlevée, utilisez la peinture de retouche fournie par le fabricant, ou rendez-vous à la quincaillerie pour voir ce qu'on peut vous proposer.

Protégez le dessus de votre table de verre contre les fourmis. Si vous servez beaucoup de limonade ou de café sucré sur la table de la véranda, assurez-vous d'en essuyer souvent le dessus avec du vinaigre blanc non dilué. Après une heure environ, l'odeur se dissipe, mais cela tiendra les fourmis éloignées de l'odeur du sucre pendant des jours.

Choisissez avec soin les plantes pour les paniers suspendus. Même si vous détestez ramasser les pétales et les fleurs tombées, vous pouvez toujours obtenir de magnifiques floraisons dans les paniers suspendus sur votre véranda si vous choisissez les plantes avec soin. « Créez des paniers en utilisant principalement des plantes à feuillage comme de l'hélichrysum gris, des vignes de patate douce aux feuilles rouge foncé ou chartreuse, ou des caladiums », dit Barbara Pleasant, une jardinière passionnée et rédactrice spécialisée en jardinage, à Pisgah Forest, en Caroline du Nord. « Ajoutez ensuite des annuelles colorées, qui tombent en cascades et qui perdent très peu leurs feuilles, comme le calibrachoa. Les impatientes et la verveine font des merveilles dans des paniers suspendus, mais elles perdent énormément de feuilles. »

Le bois peint prévient les cernes causés par les pots de plantes. Autant comme jardinière que comme auteure de *The Complete Houseplant Survival Manual,* Barbara Pleasant connaît aussi très bien les inévitables marques laissées par les plantes sur les vérandas et sur les terrasses. « Même en prenant les meilleures précautions, les cercles (ou les traces de supports à plante) sous les plants de la véranda et de la terrasse sont inévitables, car la saleté transportée par l'air et par la pluie s'y accumule naturellement, dit-elle. Les cernes se nettoient aisément sur les surfaces peintes, mais pas si facilement sur le bois teint. Au lieu de mettre des pots sur une terrasse de bois teint, donnez deux couches de peinture laquée sur une planche et servez-vous-en pour y poser les pots. »

Chapitre 13

Des sorties, des entrées et des couloirs bien rangés

Songez à l'entrée par laquelle vous arrivez. Il est bien d'avoir une entrée prestigieuse à l'avant, avec une véranda astiquée et des balustrades lustrées, mais si tout le monde entre par la cuisine ou par la porte de côté, vous devriez concentrer vos efforts de nettoyage à cet endroit. Assurez-vous surtout de poser un paillasson à l'endroit où les gens que vous considérez « de la famille » entrent dans la maison, et n'oubliez pas de le secouer et de le balayer au moins une fois par semaine.

Les carpettes de nylon s'emparent de la saleté. Pour la saleté importante, évitez ces tapis aguichants en tissu léger, ornés de chatons et de maximes invitantes. Procurez-vous plutôt un paillasson robuste que vous trouverez dans un magasin de rabais ou dans un magasin d'accessoires pour la maison. « Un tapis absorbant de bonne qualité, à la porte d'entrée, réduira de moitié la routine de nettoyage du plancher », dit Anne L. Williams, qui a franchi, dans la pluie et la neige, les seuils de centaines de maisons en tant qu'agent immobilier pour Coldwell Banker Wallace & Wallace, à Knoxville, au Tennessee. Si votre cour est mal drainée ou si beaucoup d'athlètes, qui sont adeptes de l'exercice à l'extérieur, entrent et sortent fréquemment, songez à installer des tapis robustes, un pour l'intérieur et un pour l'extérieur. Offrez-vous un tapis de très grande taille et mettez-le à l'entrée où l'on circule le plus, surtout pour les êtres à quatre pattes ou ceux qui n'ont pas encore dix-huit ans.

Utilisez du Windex pour faire une toilette sommaire à votre entrée. Courtière en immobilier, Anne Williams connaît tous les trucs de dernière minute pour rendre une maison plus attrayante pour les acheteurs potentiels. Un rapide astiquage à l'entrée ne requiert qu'un peu de Windex et un linge. « Le Windex fait immédiatement briller le chrome, le verre et la plupart des accessoires de métal », dit-elle.

Utilisez de la poudre pour bébé pour lutter contre le sable avant d'entrer dans la maison. Que vous reveniez d'une excursion à la plage ou que vous deviez traverser des dunes pour arriver à votre cour arrière, il se peut que du sable adhère à votre peau. Pour éviter de le traîner dans la maison et qu'il pénètre dans le tapis du hall pour se frayer un chemin jusqu'au plancher de la douche, époussetez-vous avec de la poudre pour bébé pendant que vous êtes encore à l'extérieur. Le sable tombera presque magiquement une fois que la poudre pour bébé aura absorbé l'humidité qui permet au sable de coller à votre peau (enfin… vous devrez aussi l'épousseter un peu avec vos mains aussi).

10 minutes de prévention

Il est possible d'arrêter à la source une grande partie de la saleté qui franchit votre seuil — non, pas vos chaussures, mais les endroits sur votre pelouse ou dans votre allée où la saleté s'installe. Faites l'essai de ces quelques techniques de prévention :

- Contactez un entrepreneur pour qu'il procède à l'aération de votre pelouse à l'automne. Ainsi, au printemps et à l'été, votre pelouse sera beaucoup plus épaisse ; ce qui absorbera l'excès d'eau et empêchera la boue de se former sur les endroits où le gazon est clairsemé.

- Garez votre voiture tout près du trottoir, ou près des marches de la véranda. Si votre allée est conçue de telle façon que le conducteur est incapable de poser le pied sur le trottoir lorsqu'il sort de la voiture, garez plutôt votre voiture dans le sens inverse pour pouvoir marcher sur une belle allée propre, sans devoir d'abord traverser la pelouse ou certains des endroits graisseux de l'allée.

- Arrangez des allées et des pierres de gué pour marcher à travers le jardin et pour atteindre les mangeoires d'oiseaux. Au printemps, il est essentiel de pouvoir circuler à travers la terre nouvellement labourée sans devoir marcher dans la boue ; plus tard, à mesure que la saison avance, vous devriez être capable de circuler confortablement pour arriver à enlever les mauvaises herbes et à faire la récolte sans devoir passer sur une pelouse et de la terre mouillées. Concernant les mangeoires d'oiseaux : si vous devez les remplir en marchant dans la neige ou dans la boue, assurez-vous de disposer d'un espace propre sur lequel vous pouvez poser les pieds (utilisez aussi du sel marin sur les pierres de gué ou dans les allées en même temps que vous en répandez dans l'entrée pour la voiture).

- Assurez-vous du bon fonctionnement de vos serrures et de vos sonnettes. Une saleté incroyable s'accroche aux chaussures quand les gens doivent contourner la maison pour trouver quelqu'un qui puisse les laisser entrer.
- Prévoyez un sentier pour les promenades du chien. Au lieu de vous précipiter à contrecœur dans la boue et la pluie pour que votre pauvre cabot puisse faire ses besoins, prévoyez un sentier qui vous servira de trottoir, mais qui offre toujours de la végétation pour qu'il puisse faire ce qu'il a à faire à l'autre bout de la laisse.

Faites l'essai d'une douche solaire. Si vous vivez dans une région sablonneuse, que vous travaillez à l'extérieur, ou que vous possédez une piscine, songez à vous procurer une « douche solaire portative » qui se fixe à votre boyau de jardin et qui se place à la verticale sur une surface plane ; ainsi, vous pourrez vous rincer avant d'entrer dans la maison. Vous les trouverez sur Internet ou dans les magasins d'accessoires pour la maison ou pour le camping. Assurez-vous d'acheter un modèle dépourvu de pièces métalliques pour éviter la corrosion.

Modifiez vos habitudes

Créez un espace pour que les gens puissent déposer ce qu'ils portent quand ils entrent chez vous. Tenez pour acquis que lorsqu'il entre dans la maison, chaque membre de la famille laisse tomber son manteau, son sac à dos, ou des sacs à provisions dès qu'il le peut. Si les choses sont déposées à quelques centimètres de la porte, la maison paraît négligée pour les visiteurs, et il faudra au moins une séance quotidienne de tri pour remettre les objets au bon endroit. Pour modifier ces habitudes, évitez de placer un portemanteau à la mode, une armoire, ou une table de plus de quarante-cinq centimètres de largeur, à moins de 9 mètres de l'entrée de la maison. Installez plutôt les chevilles à manteaux derrière les portes des chambres à coucher, et réservez un espace pour les sacs à dos, les livres et les porte-documents, là où ils seront ensuite utilisés, que ce soit dans le centre informatique de la cuisine, le bureau à domicile, ou dans la chambre à coucher. Ainsi, vous économisez des pas et vous éviterez de devoir nettoyer une partie supplémentaire de la maison.

Rangez vos chaussures, empêchez le fouillis. Travailleuse sociale-clinique licenciée, et coach de vie, Melanie McGhee reçoit des clients dans sa maison, à Maryville, au Tennessee ; son entrée se doit donc d'être invitante pour ses clients et pratique pour sa famille de quatre. Voici une stratégie efficace : un support pour chaussures de couleur claire avec une jolie pièce de statuaire ou de poterie sur le dessus. Les membres de la famille — non les clients — déposent leurs chaussures à l'intérieur des casiers ; cette idée prévient qu'une quantité trop importante d'argile de l'est du Tennessee ne se fraie un chemin vers les tapis aux couleurs neutres. Cette stratégie économise du temps durant la course précipitée du matin, puisque chacun sait où trouver les chaussures qu'il a portées la veille. Par contre, si vous essayez cette méthode, assurez-vous que les casiers ne soient pas plus larges que la taille des chaussures, et que vous placiez un objet décoratif sur le dessus ; sinon, il est trop tentant de déposer des trucs comme des balles de soccer et des dictionnaires à l'intérieur des casiers, et de déposer toute une panoplie de trouvailles de braderie sur le dessus.

Au lieu d'installer des meubles dans le vestibule, faites l'essai de miroirs et de plantes d'intérieur. C'est l'astuce qu'utilise Ellen Robinson, une adjointe administrative qui vit à Knoxville, au Tennessee, dans une résidence de style hollandais, construite en 1929. « Les miroirs font une fameuse impression, dit-elle. Ils éclairent une entrée sombre et sont fabuleux pour couvrir les murs en mauvais état. » Mais surtout, ils n'ajoutent pas au désordre et il est facile de les garder propres. « Les plantes sont aussi des moyens peu dispendieux pour égayer une entrée sans attirer le désordre, dit Ellen. Servez-vous-en à l'intérieur ou à l'extérieur. Faites l'essai de petites jardinières de chaque côté d'une entrée, d'herbes touffues ou de petits arbres ».

Un coup d'œil dans le miroir vous rappellera de vérifier la sortie. Thérapeute et coach de vie, Mélanie McGhee utilise aussi un miroir à l'entrée, mais elle place le sien tout près de la porte avant. « Dans mon cas, je ne manque pas de me regarder dans le miroir au moment où je m'approche de la porte », dit Mélanie, qui est aussi l'auteure d'un ouvrage sur la découverte de soi *The Illumined Life.*

« En me regardant, je me rappelle rapidement de sourire. Ce sourire me rappelle de vérifier si mon entrée est accueillante. Si le plancher a besoin d'un coup de balai ou si les chaussures s'y sont accumulées, je le remarque. Et je me souviens durant ce moment que je dois prendre quelques minutes pour rendre de nouveau l'entrée invitante. »

Prodiges annuels

Donnez un coup d'éponge sur les murs des couloirs et sur les murs d'escaliers. Pourquoi est-il irrésistible de courir dans un couloir vide ou de monter un escalier quatre à quatre en glissant ses mains le long du mur ? De plus, ces murs sont souvent unis et la saleté s'y voit vraiment ; vous constaterez donc qu'il est nécessaire de les laver de temps en temps. Heureusement, l'opération s'effectue très rapidement. Utilisez un plein bouchon de nettoyant doux comme le savon à l'huile Murphy dans un gallon d'eau chaude. Une éponge bien tordue ou un linge non pelucheux sont idéals. À moins que vous n'ayez sous-estimé la tâche et qu'il y ait des ruissellements d'eau sale sur les murs, il ne vous sera pas nécessaire de rincer.

Frottez les commutateurs des couloirs et les poignées de porte avec un nettoyant tout usage. En particulier près des chambres à coucher, on utilise beaucoup les commutateurs et les poignées de porte ; ce travail ne requiert qu'un peu d'efforts, et un nettoyant tout usage comme le 409, que vous appliquerez en frottant avec un linge doux propre.

Enlevez les marques de crayon avec du savon. Alison Rubin, copropriétaire, avec son mari, d'une franchise Merry Maids à Boca Raton, en Floride, a constaté de première main combien d'enfants considèrent l'univers tout entier comme une toile mise à leur disposition pour exprimer leur créativité, surtout ces jolis murs nus près de l'entrée. « Si les petits chéris dessinent sur vos murs, nettoyez les marques de crayons avec un peu de concentré de savon à vaisselle sur une guenille douce et humide », dit-elle.

Faites l'essai de la peinture pour tableau noir. Bien qu'il ne soit pas toujours possible de les vaincre en vous joignant à eux, si vous voulez des murs d'entrée propres tout en permettant à vos enfants d'exprimer leurs brillants talents artistiques, songez à peindre une section du mur d'entrée avec de la peinture pour tableau noir. Vous en trouverez dans la plupart des magasins de rabais, magasins d'artisanat, et surtout dans les magasins de peinture. Il est beaucoup plus facile d'effacer de la craie d'un tableau noir que du crayon ou de la plume des murs !

Remerciements

Tant de gens ont consacré plus de 10 minutes pour permettre la publication de ce livre, à commencer par mon chéri, Wade Slate, qui m'a apporté son expertise et a aussi effectué des dizaines de fois des « tests maison ». D'autres amis et membres de la famille, longtemps mis à l'épreuve, m'ont beaucoup aidée, même s'ils affirmaient ne posséder aucune connaissance particulière, et cela inclut Keith Anders, Joy Brooks, Jackie Castle, Joan Kennedy, Ellen Robinson, Shawn Simpson, Jim Slate, Cathy Steever, Jill Kendall Williams, et Amy Witsil. Je suis particulièrement reconnaissante à Susan Castle d'avoir dépassé le fait que nous ne sommes maintenant liées que par le divorce et d'avoir partagé tant de secrets de maniaques de la propreté, et à Jenny Hall, l'une des tantes bien-aimées de mes filles, pour avoir abordé les astuces pour la salle de bain avec bon sens et bonne humeur et pour avoir demandé à son superviseur, William Mixon, M.D., de contribuer à la cause. Je suis aussi très touchée par l'aide reçue de parfaits étrangers pendant de courtes conversations téléphoniques, incluant la courtière en immeubles de Knoxville, Anne L. Williams ; Toby Klein de la Blue Hill Co-op à Blue Hill, dans le Maine ; Tammy Wood de Extreme Cleaning à Arvada, au Colorado ; Carla Edelen de Complete Cleaning, LLC à St. Louis ;

Matt Herd, de Topeka, au Kansas ; et Alison Rubin, copropriétaire avec son mari d'une franchise Merry Maids à Boca Raton, en Floride. La plupart de mes « experts au quotidien » ont librement partagé avec moi des idées pour ce livre, même s'ils écrivent eux-mêmes, incluant le coach de vie Melanie McGhee ; les conseillères en contrôle du désordre de Minneapolis, Louise Kurzeka et Pam Hix ; la rédactrice de jardinage Barbara Pleasant ; et l'avocate spécialiste en droit successoral, Anne McKinney. Comme les écrivains de romans policiers aiment à le dire, même si les connaissances appartiennent à ceux qui m'ont conseillée, toutes les erreurs sont les miennes ! Merci, à vous tous !

À propos de l'auteure

Rose R. Kennedy est l'auteure de *Family Fitness Fun Book* et elle a contribué à plusieurs guides pratiques, incluant *1001 Old-Time Houselhold Hints, Cut the Clutter and Stow the Stuff* et *Shameless Shortcuts*. Rédactrice passionnée de textes sur l'alimentation et réviseure de livres pour enfants, elle écrit régulièrement pour *Disney Adventures*, www.fineliving.com, et *The Herb Companion*. Rose vit dans une famille agréablement reconstituée à Knoxville, au Tennessee, où elle fait partie du conseil d'administration de la Actors Coop locale. Elle est aussi la dévouée propriétaire d'animaux de compagnie, observatrice des oiseaux de sa cour, et elle participe à des jeux-questionnaires sur NTN.

Pour obtenir une copie de notre catalogue :

Éditions AdA Inc.
1385, boul. Lionel-Boulet, Varennes, Québec, J3X 1P7
Télécopieur : (450) 929-0220
info@ada-inc.com
www.ada-inc.com

Pour l'Europe :

France : D.G. Diffusion Tél.: 05.61.00.09.99
Belgique : D.G. Diffusion Tél.: 05.61.00.09.99
Suisse : Transat Tél.: 23.42.77.40